忠诚 干净 担当

做最好的干部

白凤国◎著

ZUO ZUI HAO DE
GAN BU

新 华 出 版 社

图书在版编目（CIP）数据

忠诚干净担当：做最好的干部/白凤国著
北京：新华出版社，2015.4（2025.3重印）
ISBN 978－7－5166－1554－6
Ⅰ.①忠…　Ⅱ.①白…　Ⅲ.①中国共产党—干部教育—学习参考资料
Ⅳ.①D262.3
中国版本图书馆 CIP 数据核字（2015）第 051228 号

忠诚干净担当：做最好的干部
作　　者：白凤国

出 版 人：张百新　**封面设计**：图鸦文化
责任编辑：赵怀志　沈文娟　**责任校对**：刘保利
责任印制：廖成华

出版发行：新华出版社
地　　址：北京石景山区京原路 8 号　**邮　　编**：100040
网　　址：http：//www.xinhuapub.com　http：//press.xinhuanet.com
经　　销：新华书店
购书热线：010－63077122　**中国新闻书店购书热线**：010－63072012

照　　排：新华出版社照排中心
印　　刷：大厂回族自治县众邦印务有限公司

成品尺寸：170mm×240mm
印　　张：12.5　**字　　数**：140 千字
版　　次：2015 年 4 月第一版　**印　　次**：2025年3月第五次印刷

书　　号：ISBN 978－7－5166－1554－6
定　　价：29.00 元

序　言

当今世界，各国间经济、科技、军事、文化竞争激烈，但最核心、最激烈、最高层面的竞争，归根到底是执政骨干综合素质的竞争。一个政党、一个国家、一个民族的生存发展、兴旺发达、长治久安，往往取决于是否拥有一支宏大的高素质的执政骨干队伍。

事业兴衰，关键在党，关键在人，关键在干部。党的十八大提出："坚持和发展中国特色社会主义，关键在于建设一支政治坚定、能力过硬、作风优良、奋发有为的干部队伍。"宏大的高素质党员干部队伍，是党和人民事业承前启后、继往开来、薪火相传的现实需要，是新的历史时期战胜各种艰难险阻，实现国家富强、民族振兴、人民幸福的中国梦的中坚力量。

2014 年 10 月 8 日，习近平同志在党的群众路线教育实践活动总结大会上强调："干部掌握着方方面面的权力，是党的理论和路线方针政策的具体执行者，如果干部队伍素质不高、作风不正，那党的建设是不可能搞好的。"在改革攻坚期、发展机遇期、社会风险期"三期叠加"的今天，党员干部的能力建设和素质提升，直接关系党的执政形象，关系人民向背，关系党和国家的生死存亡。当前，进一步深化和拓展群众路线教育实践活动成果，落实新形势下坚持党要管党、从严治党的新要求，提高党的执政能力和执政水平，适应新常态，最重要的就是提高广大党员干部的素质和能力。

本书着重围绕习近平同志强调的好干部要做到信念坚定、为民服务、勤政务实、敢于担当、清正廉洁的“五条标准”，深刻阐述如何修炼党员干部的政治理论、组织纪律、工作作风、思想道德等方面的素质，使每一名党员干部真正成为敢思敢想、敢说敢做，思想解放、改革创新，不图虚名、务实肯干，不讲价钱、勇挑重担，坚持原则、敢于碰硬，真诚服务、清正廉洁的好党员、好干部。

本书有以下三方面突出特点：一是主题鲜明突出。本书从党员干部的政治理论素质、组织纪律素质、工作作风素质、思想道德素质、综合能力素质五大方面，对如何全面修炼党员干部素质进行了深刻阐释，与习近平同志强调的好干部“五条标准”相对应，主题明确，重点突出，紧跟中央最新精神，颇具时代特色。二是紧密联系实际。本书贴近党员干部的思想和工作实际，注重理论和实践、事理与案例的紧密融合，具有较强的说服力和感染力。三是语言简明通俗。本书从党员干部的关注点切入，用干部听得懂的语言，讲干部听得懂的道理、听得进的故事，言简意赅、深入浅出、通俗易懂。可以说，本书对于党员干部提高素质、转变作风、履行职责具有重要的参考价值和启迪作用。

新华出版社赵怀志和沈文娟为本书的编辑出版做了大量工作，在此深表感谢！

白凤国

2014 年 10 月

目 录

第三篇 修炼工作作风素质，做勤政务实的党员干部

第四篇 修炼思想道德素质，做敢于担当的党员干部

第五篇 修炼综合能力素质，做为民服务的党员干部

第一篇 修炼政治理论素质，做信念坚定的党员干部

政治理论素质是党员干部不可缺少的精神支柱，是思想和行动的“总开关”和“总闸门”。党员干部能否确立正确的政治方向和坚定的政治立场，能否全心全意为人民服务，能否拒腐防变，在人民群众中享有崇高威信和良好声誉，很大程度上取决于自身的政治理论素质。

作为一名党员干部，其政治理论素质表现在日常的学习、工作与生活中。党员干部应该有比常人更崇高的思想境界、更远大的理想抱负、更有意义的人生追求，要自觉加强学习，补足精神之钙，筑牢思想之基，锤炼坚强党性，努力成为理想坚定、信念坚定的先锋模范。

坚定理想信念：补精神之钙，扎信仰之根

新中国成立以来，无论是在20世纪50年代，还是60年代、70年代，毛泽东一再强调“人总是要有一点精神的”。这个“精神”，最重要的就是理想信念。理想信念是党员干部对于自身及国家和民族未来发展所持有的坚定不移的态度，是党员干部的人生观、世界观和价值观的集中反映。理想是导向、是灵魂，看一个党员干部是否合格，第一位就是看理想信念是否坚定。如果理想信念不坚定，能耐再大，也不是党需要的好干部。党员干部理想信念坚定，才能有正确的政治方向、坚定的政治立场、鲜明的政治观点、忠贞的政治信仰，才能在大是大非面前旗帜鲜明，在风浪考验面前无所畏惧，在利益诱惑面前保持清醒，在关键时刻靠得住、信得过、能放心。

理想信念是一个民族奋力前行的向导，是一个政党攻坚克难的法宝。中华民族之所以能够生生不息五千年，是因为我们有“天下大同”的思想、“自强不息、厚德载物”的精神，“和为贵”、“协和万邦”的理念。实际上，我们党的成功之道，也是理想信念的成功之道。邓小平同志说，为什么我们过去能在非常困难的情况下奋斗出来，战胜千难万险使革命胜利呢？就是因为我

们有理想信念。美国记者埃德加·斯诺对红军长征的历程进行采访时，曾经提出过这样的疑问：为什么红军能置生死于不顾，跟随红旗一路前行，成为顽强到令人难以置信的战士？其实答案并不复杂，就是因为我们共产党人有着为共产主义奋斗终生的远大理想，有着革命理想必定实现的坚定信念，有着为理想的实现而前赴后继、一往无前、勇于献身的崇高精神。从井冈山精神到长征精神，从大庆铁人精神到载人航天精神，崇高信仰、远大理想发挥着巨大的激励和鞭策作用，让我们党度过艰辛岁月，斗志昂扬、意气风发地写下了让世界瞩目的“中国奇迹”、“中国震撼”。

2014年7月，中央组织部印发《关于在干部教育培训中加强理想信念和道德品行教育的通知》，明确要求广大党员干部拧紧“总开关”，始终坚定共产主义理想和中国特色社会主义信念，始终坚守共产党人的精神家园。

“停下来，等一等自己的灵魂”，在今天快速发展的社会，这样的呼声越来越高。对我们来说，这个魂就是理想信念。坚定的理想信念是党员干部建功立业的精神之魂和力量之源。信之愈深，行之愈笃。党员干部树立了崇高的理想信念，就有了大志向，因而就能有大视野、宽胸襟、高境界。吴仁宝这位从旧社会走过来的农民党员，在新旧社会两重天的沧桑巨变中深刻认识到，只有共产党才能救中国，只有社会主义才能使人民过上幸福生活。他常说：“我信仰共产党，这是没有什么可以改变的。因为我知道，无论在什么时候，共产党总是为人民谋幸福。”正是凭着这样坚定的理想信念，他几十年如一日，忠诚党的事业，立足农村，一心为民，生命不息，工作不止，带领群众艰苦创业，走出了一条经济繁荣、农民富裕、社会和谐的成功之路。他在生命的最后一刻，还牵挂着华西村的发展，弥留之际仍不忘嘱托全家："你们要坚信共产党。"熟识他事迹的人写下了这样一副挽联：八五风云，爱党爱国爱村民，艰辛创业，时代先锋；一生仁义，慈亲慈友慈百姓，奉献无私，道德楷模。我们学习吴仁宝，就要像他那样把坚定的共产主义理想和中国特色社会主义信念，化作一心一意为国家为人民利益奋斗终生的实际行动，志存高远，脚踏实地，淡泊名利作奉献，恪尽职守干事业。

理想信念是人生之帆、固本之石、引路之光。理想的动摇是最致命的动摇，信念的滑坡是最可怕的滑坡。现实中，有的党员干部理想动摇，信仰滑坡、模糊、缺失，甚至倒退，丧失精神支柱和奋斗目标，对建设中国特色社会主义心存疑虑，甚至对社会主义前途丧失信心；有的党员干部思想空虚，道德失范，精神不振，拜金主义、享乐主义和极端个人主义滋生和膨胀，认为"理想是空的，政治是假的，吃喝玩乐才是真"，沉醉于吃喝玩乐，迷恋于声色犬马，只讲"金钱"，不讲信仰，消极颓废，贪污受贿，腐化堕落；有的党员干部"不问苍生问鬼神"，热衷于算命看相、求神拜佛，从封建迷信中寻找精神寄托。当前党员干部中出现的这些问题，说到底就是信仰迷茫、精神迷失，都是理想信念变质的具体表现。信念不坚，地覆天翻。细看一些落马党员干部的腐败轨迹，他们腐败堕落行为的发生，无一不是"总开关"首先出了问题，放松了对自己世界观、人生观、价值观的改造，把理想信念抛到了九霄云外。

一位英国作家认为："能够激发一颗灵魂的高贵和伟大，只有虔诚的信仰。"黑格尔曾说："一个民族只有那些关注天空的人，这个民族才有希望。如果一个民族只是关心眼下脚下的事情，这个民族是没有未来的。”2007年，温家宝同志在同济大学演讲时，曾这样深情赋诗：“我仰望星空，它是那样庄严而圣洁；那凛然的正义，让我充满热爱、感到敬畏。”共产党人信仰的星空就是马克思主义、中国特色社会主义共同理想。这一点每一个党员干部都要清楚。理想信念就是党员干部精神上的“钙”，没有理想信念，理想信念不坚定，精神上就会“缺钙”，就会得“软骨病”。这个形象生动、朴实贴切的比喻是习近平同志在不同场合经常强调的。党员干部应该多一些“仰望星空”，少一点“只顾眼前”，将自己的需求层次从物质向精神层面拓展提升，努力做到理想信念坚定，这种坚定性要表现在任何情况下、任何压力下、任何考验下、任何诱惑下理想、信念、立场都毫不动摇，真正把理想信念熔铸在生命之中，达到思想的纯洁、目标的纯净、行为的纯粹。

坚定理想信念，要胸怀远大理想。有了远大理想，才会有前进的动力，不甘平庸，永不懈怠，奋力拼搏；有了远大理想，才会有前进的方向，找准人生坐标，不懈追求进取，从而获得成功。正如党的十八大报告所指出的，“对马克思主义的信仰，对社会主义和共产主义的信念，是共产党人的政治灵魂，是共产党人经受住任何考验的精神支柱。”习近平同志深刻指出，“今天，衡量一名共产党员、一名领导干部是否具有共产主义远大理想，是有客观标准的，那就要看他能否坚持全心全意为人民服务的根本宗旨，能否吃苦在前、享受在后，能否勤奋工作、廉洁奉公，能否为理想而奋不顾身去拼搏、去奋斗、去献出自己的全部精力乃至生命。”这“四个能否”就是新时期衡量党员干部是否具有远大理想的客观标准，具有很强的现实指导意义。崇高的信仰、坚定的信念、远大的理想不会自发产生。要炼就“金刚不坏之身”，必须用科学理论武装头脑，不断培植我们的精神家园，最根本的要老老实实、原原本本学习马克思列宁主义、毛泽东思想、邓小平理论、“三个代表”重要思想、科学发展观，自觉掌握和运用辩证唯物主义和历史唯物主义的强大思想武器，树立科学的世界观、人生观、价值观，着力划清公与私、荣与辱、对与错的界限，实现思想上的正本清源。坚持全心全意为人民服务的根本宗旨，吃苦在前、享受在后，奉公守法、勤勉工作，自觉把个人理想追求融入坚定的中国特色社会主义信念和共产主义最高理想追求中去，矢志不渝地为实现中华民族伟大复兴的中国梦而不懈奋斗。

坚定理想信念，要矢志不移，志不强者智不达。坚定理想信念，需要超强的毅力，并非一夕之功、不能一蹴而就，而是一项长期的、艰苦的任务，是一辈子的事情。党员干部要始终追求人生的崇高境界，无论前进中出现多少曲折，征途中遇到多少艰难，都要以坚定不移的意志、百折不挠的毅力、勇往直前的精神，始终不渝地为崇高的理想信念奋斗终生。新中国卫生护理事业的主要奠基人、解放军首位“南丁格尔”奖章获得者、兰州军区总医院专家组成员黎秀芳，从 24 岁踏上兰州这片土地的那一刻起，在祖国的大西北整整奉献了 66 年，培养护理人才上万名。临终之际，黎秀芳又将自己一生积蓄的 80 万元全部捐出，设立了“为兵服务奖励基金”，还拉着前来看望她的兰州军区总医院领导的手说：“我一生无儿无女，别无牵挂。死后，请组织在我的遗体上覆盖一面党旗吧，让党旗伴我上路……”有什么样的理想，就有什么样的选择；有什么样的信仰，就有什么样的方向。黎秀芳同志一心向党、立志报国，源于对党和人民的深深挚爱，源于她坚如磐石、朗如日月的崇高理想信念。

坚定理想信念，还要在各方面守住底线。理想信念是基础，是底线，是精神支柱。大家都知道，木桶的容量，取决于最短的那块木板。党员干部就是要善于找到短板，守住底线，防患未然。习近平同志指出："只要能守住做人、处事、用权、交友的底线，就能守住党和人民交给自己的政治责任，守住自己的政治生命线，守住正确的人生价值。"这是在要求全体党员树立行为和精神的"防火墙"。有这样一个故事：一个走私者为躲避警察的追捕，被迫闯进一家农场。他请求农场主答应他把走私的货物藏入农场的仓库里。这一要求被农场主断然拒绝，农场主要这个走私者立即离开，否则就要报警。走私者哀求道："我给你 20 万来报答你，怎么样？"农场主坚定地说："不！""50 万怎么样？"走私者忍痛加码。农场主依旧拒绝。"100 万好吗？"走私者仍不死心地问。农场主突然大发雷霆，把那人推到门外："你快给我滚出去！你开的价钱，快接近我心理承受不了的数目了！"不可否认，这个农场主心中是存有贪念的，但他能够在最后关头抵制住贪念的诱惑，而断然拒绝做有违法律和有悖良知的事情，说明他的理智最终战胜了他的贪欲，没有使自己的贪欲跨过思想的底线。对于党员干部来说，做人、干事的标准应该超出底线越高越好，即使做不到高很多，最起码也要坚守底线，不能搞变通，不能"闯红灯"。一旦突破底线，就会像大厦失去了支柱，大坝动摇了根基一样，必然带来生活上的腐化、道德上的堕落、法纪上的失范，就会受到道德的谴责和法纪的惩罚。为此，党员干部要筑牢思想底线、精神防线，把坚定的理想信念内固于心、外践于行，成为精神自觉。

忠诚党和人民：永葆忠诚可靠的政治品格

忠诚在《现代汉语词典》里的解释为：忠，是崇敬、恪守的意思；诚，是言而有信、言行一致的意思。那么，忠诚就是始终如一地恪守信仰、职责和情操，绝不背叛自己的誓言，尽心尽力、全力以赴。

忠诚，是中华民族的传统美德。东汉经学家马融说：“天下至德，莫大于忠。”北宋理学家程颐也说过：“人无忠信，不可立于世。”岳飞的“精忠报国”，文天祥的“人生自古谁无死，留取丹心照汗青”，这些都是对忠诚的最好诠释。

忠诚对于组织之成其为组织、政党之成其为政党，具有关系存亡续绝的决定性意义。任何一个失去了忠诚的组织、政党，都将陷入混乱崩溃。中国共产党这个当初只有几十人的弱小组织，能够创造彻底打破旧世界、建立新中国、成功开辟中国特色社会主义道路的人间奇迹，就是因为有千千万万忠诚的党员干部坚定信仰、不怕牺牲、冲锋在前、上下一心、众志成城。

“忠诚”是党员干部必须坚守的政治品格和精神底色。医生要忠于“救死扶伤”，教师要忠于“传道授业”，军人要忠于“保家卫国”……党员干部的“忠诚”，就是要以党和人民的利益为中心，忠心耿耿、忠贞不渝，对党和人民忠诚老实，肝胆相照，荣辱与共。面对价值观念多元多变的当今社会，党员干部要带头奏响忠诚这个时代旋律的主音符。89岁的中国工程院院士、南京军区南京总医院副院长黎介寿说：“我这一生有两个最正确的选择，一个是留在新中国，另一个是加入中国共产党。”1949年冬，黎介寿向党组织递交了第一份入党申请。1979年，55岁的黎介寿终于站在党旗下宣誓，为了这一刻，他写了29份申请，追求了30年。坚信真理、追求崇高、不改初衷，践行共产党人的使命和职责，这就是一名共产党员对党的“忠诚”。

党员干部只有不断强化忠诚品质的修炼，才能始终定位心神，站稳脚跟，挺起脊梁。“扎根基层，一心为民”的四川省甘孜州道孚县瓦日乡原党委副书记、乡长菊美多吉，患有高血压，不能过度劳累，不能在高海拔的地方工作，但他却仍然在高原上长期坚持深入基层，为群众服务，先后在多个乡镇工作11年多。2012年5月9日，因劳累过度突发脑出血去世，年仅33岁，在生命最后16小时里，他开了2个村大会、走访了10多户村民。他用实际行动把对党的忠诚、对人民的忠诚深深地刻在了他热爱的藏区大地上，把促进当地发展和民族团结的梦想转化为服务广大群众的实际行动，被当地各族群众亲切地称为“最美基层干部”。正是因为他始终如一忠诚于党，矢志不渝跟党走，真情实意报党恩，才能一直不忘自己是一名党培养起来的民族干部、基层干部，才能做到扎根高原、坚定不移地为党的事业奋斗到底；也正因为他始终坚信党、热爱党、跟党走，才能对群众、对家乡、对祖国产生炽热的感情，也才能做到为了党和人民的事业不计个人条件、不谋个人报酬、不讲个人代价，直至生命的最后一刻。

歌德说："始终不渝地忠实于自己和别人，就能具备最伟大和最高贵的品质。"忠诚既是一种坚守、一种执着、一种品格，更是一种力量。中航工业沈阳飞机工业（集团）有限公司董事长、总经理，歼—15舰载机总指挥罗阳在随中国国产舰载机成功归来的航母辽宁舰上，突发心肌梗死、心源性猝死，因病情严重抢救无效，于2012年11月25日12时48分辞世，终年51岁。罗阳1982年大学毕业时，正赶上"下海"经商风起云涌的年代，与他一同分到企业的同事，有的调离转行，有的另谋出路，有的出国镀金，但他却坚定地留下来。即使是在"找米下锅"最艰难的日子里，他都初衷不改，以对党的事业无比的忠诚，投身祖国航空事业30年，直至为中国航空事业献出了宝贵年轻的生命。他的坚守，是对航空报国志向的践诺，更是对理想信念的忠诚。工作中，我们要有罗阳"咬定青山不放松、不达目的不罢休"的忠诚坚守，对信念、对事业、对情感执着不移，笃信笃行。放眼当今社会，五光十色的各种诱惑实在是太多，党员干部真得要靠忠诚去拒绝左顾右盼，拒绝患得患失，做到始终不渝地履行党和人民赋予的神圣使命。

做一名忠诚的党员干部，要保持最根本的信仰纯洁。人生如屋，信仰是柱。柱折屋塌，柱坚屋固。忠诚源自信仰，只有信仰坚定了，对党忠诚才能有牢靠的基础。习近平同志指出："信仰纯洁是共产党人最根本的纯洁。"信仰是一个人的灵魂，控制着人的思想和行为，是人的重要精神支柱，纯洁而坚定的信仰是党员干部精神家园之本，没有纯洁的信仰，精神家园就会荒芜。为此，党员干部一定要纯洁和坚定自己的信仰，坚守共产党人的精神家园，与党同心同德，赤胆忠诚，忠贞不渝，自觉践行入党誓言，坚定走中国特色社会主义道路的信心不动摇，自觉服务经济社会发展和民生改善，务实为政，造福于民。

作为一名党员干部，必须忠诚于党，而忠诚于党又必须体现在忠诚于党和国家的事业上，在思想上、政治上、行动上始终同党中央保持高度一致。每一位党员干部都要铭记党的恩情，牢记人民的重托，听党指挥，热爱人民，服务群众，为党尽忠，为国效力。要进一步增强党性立场和政治意识，提高政治敏锐性和政治鉴别力，在大是大非面前头脑清醒、旗帜鲜明，经得起大风大浪考验，绝不能在政治方向上走岔了、走歪了，更不能走偏了、走错了。新形势下，党员干部肩上的担子越来越重，对能力和作风方面的要求越来越高，履职尽责面临的考验越来越大。为此，要戒懈怠、戒浮躁、戒安逸、戒虚假，始终保持蓬勃朝气、昂扬锐气和浩然正气，知责思为、履责能为、尽责善为，心无旁骛，恪尽职守。牢固树立正确的人生观、世界观、价值观，认真践行党的宗旨，不断加强道德修养，始终保持政治上的坚定性、品德上的纯洁性、行为上的先进性，不断增强把建设中国特色社会主义事业推向前进的责任感和使命感，不断提高自己认真学习、准确把握、坚决贯彻党的各项路线方针政策的自觉性，始终做到政治方向明晰、胸怀大业全局、服从组织安排，千方百计干好本职工作，全身心投入党的事业，坚定为实现共产主义崇高理想而奋斗终生的理想信念。

党员干部对党和人民忠诚，必须做到言行一致、表里如一。忠诚老实、言行一致是做人的应有品格、为人处世的道德要求，更是党员干部党性修养的外在表现。在现实工作和生活中，一个言行一致、说到做到的党员干部，就会得到群众的拥护和信任。

相反，那些“有唱功没做功”、当面一套背后一套的党员干部，往往是说话无人信、做人无人服、干事无人跟。党员干部特别是领导干部要在同事和群众中有公信力、有说服力、有感召力，就得要做到言必正、言必行、行必果，坚持以“实”立身行事，做人不对付，做事不应付，做老实人、讲老实话、办老实事，做“正、真、实”的先锋模范。党员干部带头诚实守信，说话表态要做到言之有理、言之有据、言之可行，凡是答应群众的事情，就要言而有信，绝不能给群众开“空头支票”。言出行随，躬身力践，要有干的过程和结果，更要有好的成效，不让群众失望。

党员干部对党和人民忠诚，还要有干事创业的激情。现在有一些干部思想疲劳、精神厌倦、暮气沉沉，对工作无所用心，对事业无所追求，不出事也不干事，满足于平平安安占位子、忙忙碌碌装样子、疲疲沓沓过日子。党员干部对党和人民事业的忠诚坚守，不是一种平庸的坚守，不是一种煎熬的坚守，而是要在工作中迸发激情，以强烈的事业心和高度的责任心，以时不我待、奋勇争先的紧迫感和使命感，以高昂的斗志、理性的思维、饱满的精神、务实的态度，积极投身到各项事业发展中去。要拿出超乎寻常的劲头和动力，用闯的魄力、抢的劲头、争的意识、拼的勇气，立发展之志，谋发展之策，鼓发展之劲，求发展之效，在平凡岗位上创造出不平凡的业绩。

敢于坚持原则：当好人不当“老好人”

“好好先生”的故事许多人都知道，说的是东汉末年有个名叫司马徽的隐士，经常装糊涂，从来不说人短处和问题，凡事都说好，别人就送给他一个“好好先生”的绰号。在现实的工作和生活中，“好好先生”式的党员干部并不少见，败坏党风政风，影响工作，耽误发展。“好好先生”学不得、做不得，党的干部要敢于坚持原则，遇到问题敢面对，遇到矛盾敢处理，遇到歪风敢斗争。

所谓“原则”，是指人们说话或做事应该依据的标准或法则，是人与人相处及整个社会得以成立的必要规范。原则与法则、规则、守则、通则、准则是同义词，就是毫不例外地、不折不扣地严格执行和必须遵守的依据和标准。习近平同志强调：“坚持原则，敢于担当是党的干部必须具备的基本素质”，“为了党和人民事业，我们的干部要敢想、敢做、敢当，做我们时代的劲草、真金。”党员干部要立场坚定，明辨是非，襟怀坦荡，只要是有利于组织，有利于他人，有利于社会，尽管可能会得罪个别人或少数人，也要敢于坚持原则，勇于暴露自己的思想和观点，坚持自己的行为和做法。

党员干部必须大公无私、一身正气，这样才能有坚持原则的底气。古人云：无私者无畏。摈除私心杂念，不怕个人利益得失，在原则问题面前，就能挺得起腰杆、讲得起硬话。毛泽东同志曾经说过，“一个共产党员，无论何时何地，都应坚持正确的原则，同一切不正确的思想和行为作不疲倦的斗争”。党员干部要坚持原则、坚持正义、树立正气，不能“只唯上、不唯下”，不能瞻前顾后、畏首畏尾，不能不讲原则、好人主义严重，不能说话看“天气”、做事看“风向”，不当“墙头草”、不做“圆滑官”。要坚持原则面前人人平等，“一碗水端平”，一视同仁，不厚此薄彼。要秉公用权、清正廉洁，勇于揭露和纠正工作中的缺点与错误，弘扬清风正气，抵制歪风邪气。

党员干部要敢于坚持原则，主持正义，“刀枪不入”，铁骨铮铮。在真理与权势的较量中，要义无反顾地维护真理，在正义与邪恶的斗争中，要旗帜鲜明地站在正义一边。河南省登封市公安局原局长任长霞同志，面对犯罪分子妄图用金钱开路、让她高抬贵手时，她严词呵斥：“在我这儿没有金钱能打通的关节，只有公正的法律!”当各种说情风刮来，让她“灵活处理”时，她始终坚持原则，秉公办事，不给自己以任何可以放松的理由。任长霞同志就是一面镜子，党员干部就要拿她的言行来认真对照一下自己，看一看能否经受住各种诱惑和考验，做一名原则性强、敢抓善管、不怕得罪人的党员干部。

坚持原则，敢于负责，勇于担当，体现着党员干部的蓬勃朝气、浩然正气、昂扬锐气，反映着党员干部的事业心和责任感。可现实中，一些党员干部中不坚持原则、不敢抵制歪风邪气、奉行“老好人”、“和事佬”的现象比较普遍，得罪人的事不干，讨人嫌的话不说；有的对违法乱纪、损害人民群众利益的事不敢“言”，置若罔闻，视而不见；有的遇到工作疲沓、不负责任的人不敢“批”，你好我好大家好，怕得罪人；有的遇到大事、难事、棘手的事、群众烦心的事绕道走、滑过去，该抓的不抓、该管的不管，能推就推，得过且过，只要不出事，宁愿不做事；还有的甚至公徇私情，拿原则做交易。党员干部不坚持原则，对党的事业危害很大。有人认为，讲原则容易得罪人，会影响彼此之间的感情和自己的前途，因此抱着多一事不如少一事的心理，处处为自己留后路，明知不对，少说为佳，甚至对有问题的人和事袒护、包庇。相反，为自己做事快马加鞭、极其认真，甚至为了私利拿原则做交易。实践证明，这无论是对他人还是对自己抑或对一个单位乃至社会，都是极其不利的。所以，究竟是做好人还是做“老好人”，对一个人特别是对一个党员干部而言，不仅仅体现的是人格修养和思想境界，更涉及党性原则和责任担当。

党员干部要敢于讲原则，敢于动真碰硬，疾恶如仇，敢于去得罪该得罪之人，这样才能确保我们的工作不出错，确保我们的事业正常发展，维护党和政府的良好形象。共青团石家庄原市委副书记王亚丽，身份、年龄、履历、档案均涉嫌造假，在王亚丽案件中，违反原则为其造假骗官“放行”的10多名领导干部受到了严肃处理，多名干部因此丢掉了自己的“乌纱帽”。这一案件的处理告诉我们：谁拿原则做交易，谁就要付出个人代价。王亚丽造假骗官长达十多年，之所以能够屡屡得逞，关键在于背后有一群“帮手”。他们有的把原则当作顺水人情，对王亚丽造假行为睁一只眼闭一只眼；有的把原则当作讨好领导的手段，鞍前马后地帮王亚丽做推手；更有甚者，把原则当作捞取个人私利的工具，与王亚丽沆瀣一气，合谋欺骗组织，败坏干部队伍风气，损害了党和政府的形象。工作中，党员干部要弘扬敢于坚持原则的正气，恪守规矩，真正做到坚持原则不动摇、执行标准不降低、贯彻政策不走样、履行程序不随意。增强敢于坚持原则的勇气，敢于较真，敢于碰硬，敢于同不正之风坚决斗争，让那些想走歪门邪道的人心生惧怕、不越雷池，让那些拿原则做交易的人因小失大、得不偿失。

“苟利国家生死以，岂因祸福避趋之”。能不能坚持原则，最能反映干部的党性观念、思想品行和能力素质。杨善洲说过：“无论是做事还是做人，总得有个标准，有个原则。要老老实实做人，踏踏实实做事。”他是这样说的，也是这样做的。无论社会如何发展变化，老老实实做人、踏踏实实做事始终是每个人共同的道德规范，何况，党员干部是人民群众中的优秀分子，就更应该把老老实实做人、踏踏实实做事作为修身处事的基本准则，做全社会的表率。每一名党员干部都要把党和人民赋予的职责看得“比泰山还重”，把个人名利得失置之度外，不怕得罪人，不怕“穿小鞋”，坚定地做党和人民群众根本利益的有力维护者。

“不依规矩，不成方圆”。在新形势下，党员干部讲原则，关键是要把握政治方向、坚决服从大局、切实维护团结、自觉遵纪守法，做到执行政策不走空，服务群众不空喊，遵规守纪不放松。

把握政治方向。党员干部不光要有做人的原则，明辨是与非、善与恶、美与丑，诚实守信、知恩图报、遵纪守法，还必须讲政治、讲原则。讲政治，就是牢牢把握正确的政治方向，坚定、自觉地高举中国特色社会主义伟大旗帜，坚持中国特色社会主义道路和中国特色社会主义理论体系，坚定、自觉地贯彻执行党的路线、方针、政策。把正确的政治方向落实到具体工作中，要认真践行全心全意为人民服务的根本宗旨，求真务实，艰苦奋斗，集中精力，埋头苦干，努力创造一流成绩，实现好、维护好、发展好最广大人民的根本利益。面对大是大非，敢于亮剑发声；面对矛盾问题，敢于迎难而上；面对危机挑战，敢于挺身而出；面对失误过错，敢于承担责任；面对歪风邪气，敢于唱黑脸，敢于战斗，始终保持昂扬向上、奋发有为的精神状态，经受住执政考验、改革开放考验、市场经济考验、外部环境考验“四大考验”，防范精神懈怠的危险、能力不足的危险、脱离群众的危险、消极腐败的危险“四大危险”，自觉为党分忧、为国尽责、为民奉献。

坚决服从大局。服从大局是对党员讲原则的基本要求。大局事关战略部署、整体合力、人心向背。党员干部必须站得更高、看得更远，牢固树立强烈的工作责任心和事业心，以奋发向上的精神状态，自觉服务大局。党员干部要全面了解大局、正确把握大局，真正做到想问题、办事情、做工作都能紧紧围绕大局、一切从大局出发。要坚持整体工作“一盘棋”思想，自觉摆正地方与中央、局部与整体、上级与下级、个人与组织的关系，做到小局服从大局、地方服从中央、下级服从上级、个人服从组织，在围绕中心、服务大局中展示个人才华、体现个人价值。要心系大局、顾全大局，自觉将自己所担负的工作与大局联系起来，找准位置、认清责任，坚持在大局下行动，工作有方向、有章法、有成效。党员必须以身作则、率先垂范、深入群众，做到“一级做给一级看，一级带着一级干”，创造性地开展工作，以实际行动服务大局、推动大局。

切实维护团结。古人云：“同心山成玉，协力土成金”。团结历来是我们事业不断取得胜利的重要保证。在团结问题上，最能看出一个党员的党性和人品。习近平同志在《之江新语》“打好团结牌”一文中说，懂团结是真聪明，会团结是真本领。团结出凝聚力，出战斗力，出新的生产力，也出干部。团结和谐与一团和气、维护团结与好人主义，两者的界限往往一步之遥，应把有原则的团结作为党员干部必须具备的一种境界来提升，善于把工作、原则和感情有机结合起来，心胸开阔，海纳百川，五湖四海，与人为善；尊重信任，求同存异，坚持原则，明辨是非。要以事业为基础，以原则为准绳，以感情为纽带，用高尚的人格增进团结，用坚强的党性保证团结，用共同的事业维护团结，带动全体党员和广大人民群众的大团结。

自觉遵纪守法。遵纪守法是党员干部讲原则的底线。我们要以遵纪守法为荣、以违法乱纪为耻，坚守法纪底线，筑牢道德防线。小到部门单位的规章制度，大到党的纪律和国家的法律法规，每一名党员干部都必须严格遵守，严格按党纪国法办事。同时，我们还要为其他人，在这方面树立好的榜样，始终把自觉遵纪守法看成自己必备的政治素养，当作自己应尽的义务，自觉地养成遵纪守法习惯，无论什么时候、什么场合，都要严格要求自己。同时，遵纪守法，不能口头上坚决拥护，执行中却打折扣，更不允许“上有政策，下有对策”，决不允许有令不行、有禁不止，要把对党的纪律和国家的法律的遵守与维护作为一种重要的责任，认真谨慎地履行，这才会有坚守原则的底气。

勇于解放思想：观念一变天地宽

拿破仑曾经说过，世界上有两种东西最有力量，一是剑，二是思想，而思想比剑更有力量。实现民族伟大复兴的中国梦，需要我们的党员干部开动脑筋，继续解放思想，突破思维定式，摒除陈旧观念，创新工作理念，敢于想他人所不曾想，谋他人所不曾谋，为他人所不曾为，一步一个脚印、稳扎稳打地把各项工作推上一个新的高度。

什么是解放思想？邓小平指出，解放思想就是在马克思主义指导下打破习惯势力和主观偏见的束缚，研究新情况，解决新问题。时代条件发生了变化，客观实际发生了变化，我们的思想认识也要随之发生相应的改变，不断根据新的实践，提出新的发展理念、思路和办法，真正解决实践中遇到的问题。可以说，思想是解放还是僵化，解放得“够”还是“不够”，“对”还是“不对”，最终是看能在多大程度上解决实际面临的困难和问题。

解放思想是一场思想革命。解放思想就是更新思想观念、变革思维方式、振奋精神状态，是思想领域的深刻革命。人是生产力中最活跃、最革命的因素，这主要是指人的思想潜力是无穷的，创造能力是无限的。没有思想的更新，就不会有行动的跨越；思想上能否破冰，直接决定着行动上能否突围。思想解放、引领风气之先，就能后来居上、进位争先；思想僵化、不能与时俱进，难免不进则退、渐渐落伍。

解放思想是一种精神状态。解放思想是党的思想路线的本质要求，是推动社会前进的伟大精神力量。邓小平强调，“没有一点闯的精神，没有一点‘冒’的精神，没有一股气呀、劲呀，就走不出一条好路，走不出一条新路，就干不出新的事业。”为此，我们党员干部在改革发展中要有“敢为天下先”的精神，勇于实践，冲破束缚，干在实处，走在前列。

当前有一些党员干部在思想观念上，还不适应新形势的要求。有的干部满足于现状和成绩，习惯于以往的传统做法和经验，故步自封，不思进取，安于现状；有的党员干部因循守旧，墨守成规，习惯于没有文件等文件、有了文件等经验的无所作为的精神状态；有的党员干部视野狭窄，思路封闭，缺乏危机意识，坐井观天，夜郎自大；有的党员干部不缺乏知识和能力，但是缺乏干事创业的激情和劲头，存在为个人“淘金”的心态；有的党员干部不善于从实际出发，创造性地开展工作，而是缩手缩脚、自我封闭、自我禁锢。

思想是个总开关，思想一通，一通百通；观念是个万花筒，观念一变，一变万变。解放思想就是要用新思路、新理念研究新情况、解决新问题。为此，党员干部要在坚持解放思想、实事求是的科学态度和创造精神上下功夫，重在增强“四种意识”。

一是要从因循守旧、安于现状的精神状态中解放出来，增强改革创新意识。现实中，我们看事情、想问题、做工作，容易形成一种习惯和定式，墨守成规，按部就班，周而复始，原地踏步。世间万物，变动不居。应当看到，客观环境在不断发生变化，如果我们固守现状而不思突破，只会走入死胡同，影响事业的发展，创新突破才能开辟新天地。“明者因时而变，知者随事而制。”党员干部要保持思想的敏锐性和开放度，打破思维定式，解开思想扣子，迈出改革步子，以敢为人先的胆识和气魄，善为人先的智慧和勇气，抢抓机遇、勇于进取。我们要始终保持永不僵化、永不停滞、勇于变革、勇于创新的精神状态，要摒弃不合时宜的旧观念，冲破制约创新思维和实践发展的规定和框框，向老习惯开刀，向潜规则说不，向旧制度亮剑。坚持用前瞻的眼光、用创新的办法研究新情况，解决新问题，创造性地开展工作，让各种发展活力充分迸发出来。

二是要从以物为本、重物轻人的价值取向中解放出来，增强人本发展意识。树立“拼 GDP 不如比民生”的新思想、新观念，坚持以人为本，始终把实现好、维护好、发展好最广大人民的根本利益作为一切工作的出发点和落脚点，坚持把推动经济社会发展与促进人的全面发展有机统一起来，贴近群众需求，关注群众福祉，努力让人民群众得到实实在在的利益，共享改革发展的成果。

三是要从只顾速度、不顾长远利益的发展观念中解放出来，增强大局意识。我们今天谈思想解放，要警惕和防止那种“人有多大胆，地有多大产”、“不怕做不到，就怕想不到”的自吹自擂式思想解放，浮夸只能害死人。走出“速度就是硬道理”的误区，不盲目追求增长速度，不过量消耗能源资源、过度污染环境。聚精会神搞建设，一心一意谋发展。要真正克服短期化、功利化倾向，胸怀全局，注重长远发展，树立打基础增后劲的理念，尊重客观规律，主动适应从粗放发展转向科学发展的经济新常态，正确认识和把握发展形势、发展机遇、发展趋势，明确发展目标、创新发展理念、转变发展方式、优化发展举措，推动经济社会实现又好又快发展。

四是要从畸轻畸重、孤立发展的思想束缚中解放出来，增强协调发展意识。打破思维定式，转化思想方法。我们当前的发展是全面系统的发展，不是某个领域某个方面的单项发展。要正确认识和把握中国特色社会主义经济建设、政治建设、文化建设、社会建设、生态文明建设是相互联系、相互制约、相互促进的有机统一体，树立五位一体、全面协调发展的观念，确立经济增长与结构优化、效率提升、民生改善、环境友好等方面相统一的发展路径，正确处理抓重点与抓一般、抓特色与抓全面、抓基础建设与抓长远发展的关系，努力做到科学统筹、协调推进。

解放思想需要永不自满。习近平同志警醒全党："任何一个政党，无论实力多强、资格多老、执政时间多长，如果因循守旧、故步自封、保守僵化、不思进取，其创造力就会衰竭，生命力就要停止。"当前，有的党员干部沾沾自喜于已有成绩，小进则满、小富即安，故步自封、不思进取。这阻碍了科学发展、改革开放，阻碍了干事创业的积极性和创造性的发挥。在这样的心态下，怎么可能很好地贯彻落实科学发展观？必须看到，我国仍处于并将长期处于社会主义初级阶段的基本国情没有变，人民日益增长的物质文化需要同落后的社会生产之间的矛盾这一社会主要矛盾没有变。我们没有可骄傲的资本，要认清差距，奋起直追，以自我革新的勇气和胸怀，不骄不躁，进一步解放思想，以思想认识的新飞跃打开工作的新局面，将改革开放不断推向前进。

解放思想需要科学精神。因循守旧，不思进取，不是解放思想；头脑发热，空想蛮干，不是解放思想；“打擦边球”，“闯红灯”，也不是解放思想。推动思想解放，我们必须依靠科学理论的指引，理性思维的支撑，科学方法的运用，着眼于新的实践和新的发展，科学地研究新情况，灵活地解决新问题。关于见微知著、动态思考，用发展变化的眼光来认识、分析、思考和把握问题，创造性地提出解决问题的新思路、新措施、新办法。我们必须始终保持清醒头脑，立足社会主义初级阶段这个最大的实际，运用系统思维、科学方法，深入分析我国全面参与经济全球化的新机遇新挑战，全面认识工业化、信息化、城镇化、市场化、国际化深入发展的新形势新任务，深刻把握我国发展面临的新课题新矛盾，更加自觉地走科学发展道路，奋力开拓中国特色社会主义更为广阔的发展前景。

解放思想需要无私无畏。有的党员干部畏首畏尾、瞻前顾后，前怕狼后怕虎，怕冒风险，不敢解放思想、改革创新，错失了机遇、耽误了发展。这就需要党员干部有壮士断腕、敢想敢干的决心，迎难而上、知难而进的勇气，披荆斩棘、敢于创新的魄力，站排头不甘居人后、扛大梁不挑肥拣瘦、当主力不滥竽充数。只要是对党的事业有利、让老百姓受益的事，大胆地试、大胆地闯、大胆地干，看准了不放手，干不成不松手，干不好不甩手。还要有接力奋斗的精神，要有“功成不必在我”的胸襟，摒弃私心杂念，摆脱利益羁绊，一张蓝图绘到底，一任接着一任干，一以贯之谋发展，善始善终、善做善成，确保取得实实在在的成效。

提升理论素养：用理性的力量改变世界

理论的实现程度和武装程度，决定着民族的兴衰。曾经有个外国政治家问过一位中国理论家："你们这样一个有13亿人口、几千万党员的大国大党，行动为什么那么一致?"那位中国理论家回答："我们靠的是学习，是理论武装，我们的党是一个学习型政党。"可见，理论素质是党员干部的最基本素质，理论不清楚，思想就糊涂，行动就动摇。就党的意识形态而言，理论是思想、是旗帜、是方向，是关系党和国家举什么旗、走什么路的大问题，任何时候都马虎不得、含糊不得。

"学理论，有用吗?"这恐怕是一些党员干部面对学习时的最大疑惑。特别是在一些长期从事具体工作的基层党员干部眼中，理论学习是"空对空"、理论素质顶啥用，业务学习是"实打实"，业务素质才有用。我们一定要清楚，理论素养不合格、不过硬，就会在错综复杂的形势中迷失方向，失去正确的立场，就难以抵御各种错误思潮和腐朽思想的影响。

大家要知道，没有科学理论的指引，一个政党将失去灵魂；没有共同信念的支撑，一个组织将失去方向。恩格斯讲过，"一个民族要站在时代的顶峰，就一刻也离不开理论思维。一个政党亦是如此。"毛泽东也曾说："感觉只能解决现象问题，理论才解决本质问题。”

理论是时代精神的提炼与升华，理论上的成熟是一个政党政治上成熟的标志。加强理论修养是党员干部进行党性修养、增强团结统一、提高凝聚力、战斗力的基础，也是提高综合素质和工作水平的前提和基础。这里所说的理论，指的是马克思列宁主义、毛泽东思想和中国特色社会主义理论体系，其中中国特色社会主义理论体系，包括邓小平理论、“三个代表”重要思想以及科学发展观等重大战略思想在内的科学理论体系。毛泽东思想和中国特色社会主义理论是马克思主义中国化的产物，是对马克思列宁主义的继承和发展。

理论素质是党员干部综合素质的灵魂。我们党一直重视理论武装，重视提高党员干部的理论素养。延安时期毛泽东发动全党认真学习马列主义，达到了思想和行动的高度一致，为夺取革命胜利奠定了基础。十一届三中全会邓小平发动全党开展真理标准问题大讨论，端正思想路线，为改革开放奠定了基础。可见，理论修养具有“铸魂”作用，坚定“理想信念”这个主心骨，为推动党和国家各项事业发展提供思想基础和思想保障。

当今世界纷繁复杂，来自经济、政治、社会、文化以及自然界的挑战接连不断，我们党面临着越来越复杂的执政环境，对我们党应对复杂局面和抵御各种风险的能力提出了新的更高的要求。理性思维、理论思考能够使人们迅速透过纷繁复杂的现象，抓住事物存在的本质、发展变化的规律，提高党员干部的政治敏锐性和鉴别力。改革开放以来的经验证明：一些人在社会主义现代化建设进程中思想出现摇摆，往往源于理论上的模糊不清。实践上的开拓进取，常常得益于理论上的坚定。作为党的干部，要正确认识和把握中国社会发展的客观规律，担当起历史赋予的重任，就必须增强学理论、用理论的自觉性和责任感，尽快提高自己的思想理论水平和实际工作能力。

要加强理论学习。“照耀人的唯一的灯是理性。”恩格斯说，每个人都天生地具有理论思维能力，但是，这种能力必须是自觉培养和不断提升的。提升理论思维能力和理论素养就得要有一定的理论功底，理论功底是理论素养的基础。一个党员干部本身如果没有一定的理论功底，就不会有深刻的思想境界，理论素养就无从谈起。良好的理论功底包括广博的政治理论功底和科学的知识功底。学习理论是要费工夫的。但是，俗话说得好：“磨刀不误砍柴工”。学好理论，可以事半功倍；不学理论，就很可能会事倍功半，因而它是做好工作的前提和基础。有人问中共中央政治局原常委、全国政协主席李瑞环同志：你从一个普通的农民、工人成长为党和国家的领导人，奥秘在哪里？李瑞环回答说：“要我说还是那句老话：是社会主义制度的产物，当然也不能否认个人的努力。光靠努力还不行，还要得法，得法就是要学习哲学。这一生对我帮助最大的就是马克思主义哲学。”李瑞环学习研究最深的是哲学。他从二十几岁开始学哲学，一直坚持在工作中学，边干边学，边学边干，几十年从未间断。用李瑞环的话说：“许多马克思主义哲学著作我都反复认真读过，有的文章甚至可以背下来。尤其那本哲学辞典，我叨咕得非常熟，还和人搞过比赛，看谁查得快、讲得准、背得多。”作为当时的“学习毛主席著作积极分子”，李瑞环不仅能背诵一般人所能背诵的毛主席若干有名的短篇文章，而且像《矛盾论》（25000多字）和《中国革命战争的战略问题》（44000多字）等长篇他都能熟背如流。“文革”期间，李瑞环被关进牛棚数年，他把这段时间变成读书的好时机，许多马列主义经典著作包括大部头的《资本论》就是在这时候读的。

现实中，有些党员干部困惑于学理论不知道从哪入手、怎样学、学些啥。学理论，就得要多读书、读好书、好读书，应在认真学习党的理论的基础上，坚持用理论武装头脑，做到真学、真懂、真信、真用，真正做到入脑入心，使之内化为政治信仰，升华为思想灵魂，转化为人生追求。

真学，就是要大兴学习之风，端正学习态度，认真学习领会，在把握党的科学理论体系上下功夫。学习没有任何捷径，必须老老实实、认认真真下一番苦功夫。要主动深入地学习马克思主义理论特别是马克思主义中国化最新成果，把学习中国特色社会主义理论体系与研读马列著作、毛泽东著作结合起来，与学习其他新知识结合起来，努力做到全面准确、了然于胸。要着眼做好本职工作，学习党的路线方针政策和国家的法律法规，学习党的历史，广泛学习现代化建设所需要的经济、政治、文化、科技、社会和国际等各方面知识，努力成为本领域本行业的行家里手。

真懂，就是要把握精髓，融会贯通，把党的理论内化于党员领导干部头脑，努力在形成科学的世界观和方法论上下功夫。要全面地、系统地、深刻地把握党的理论的科学内涵、历史地位及精神实质，牢固树立辩证唯物主义和历史唯物主义世界观和方法论。对党的理论，不仅要知其然，更要知其所以然。既要做到把握精髓，升华为理性认识，又要入脑入心，内化为思想素质，使自己视野更开阔，境界更高远。

真信，就是要坚定对中国特色社会主义理论体系的信仰，努力在坚定走中国特色社会主义道路的信念上功夫，使其变成自己的精神支柱，努力在做到理论清醒、政治坚定、行动自觉上下功夫。“学而思，思而信。”信仰愈坚定，贯彻越自觉。要坚持用党的理论改造主观世界，加强思想修养，更新思想观念，真正转化为党员干部的价值追求、攻坚克难的思想武器、修身立德的行为准则。

真用，就是要结合实际，学以致用，努力在指导实际、推动工作上下功夫。真用是知与行、理论与实践的有机统一。理论要与实际、实践、现实相结合，用理论之“矢”射实践之“的”。宋代学者朱熹说过：“为学之实，固在践履。苟徒知而不行，诚与不学无异。”列宁说：“理论在变为实践，理论由实践赋予活力，由实践来修正，由实践来检验。”加强理论修养，必须养成运用、践行理论的习惯。在这方面，当前有些党员干部存在的主要问题是：没有将理论与实际很好地结合起来，既存在不重视理论学习、认为做好实际工作就行了、何必学理论的问题，也存在学了不会用的问题。在联系实际方面，存在着联系工作实际多，联系思想实际少；联系下级实际多，联系本级实际少；联系局部实际多，联系全局实际少的现象。李瑞环同志学习理论，紧密联系工作实际，进行深入思考，指导实践，提出了许多重要思想理论观点，探索和总结出一套把马克思主义理论与工作实际相结合的学习方法和工作方法。在领导城建、思想宣传、精神文明建设、统战政协、民族宗教、外事等工作中，充分展示了他较高的哲学修养和智慧。党员干部要着力领会和把握党的理论的精神实质，弄清内在联系，不断提高理论素养和思维层次，善于运用马克思主义的立场、观点和方法指导实践、推动工作，不断提高运用科学理论统筹谋划、推动发展、分析问题、解决问题的能力。

主动加强学习：少一点应酬，多一些学习

“问渠哪得清如许，为有源头活水来。”学习是一个政党生命力、创造力的源泉，是党员干部增长才干、提高素质的重要途径。

一、紧跟时代步伐，做学习的带头人

学习是执政兴国之基，是赢得发展、赢得未来的根本之道。中国共产党被称为世界上少有的具备自觉学习意识的政党。这种学习的自觉，乃是一种基础的品质。因为学习是一切进步的先导，是求新求变的起点，是创业创造的前提。党的十七届四中全会明确提出，必须按照科学理论武装、具有世界眼光、善于把握规律、富有创新精神的要求，把建设马克思主义学习型政党作为重大而紧迫的战略任务抓紧抓好，建设学习型党组织是建设马克思主义学习型政党的基础工程。面临新形势，党员干部必须紧跟时代脉搏，自觉加强学习。

视野有多宽，知识有多广，舞台就有多大。我们今天所处的是一个以变革、调整、创新为显著特征的时代。重视和加强学习，倡导建设学习型组织、学习型社会，已经成为一股世界潮

流。1995 年，联合国教科文组织宣布 4 月 23 日为“世界读书日”。至今，已有 100 多个国家和地区参与此项活动。根据西方流行的“知识折旧”定律，“一年不学习，你所拥有的知识就会折旧 80%”。有专家考证，19 世纪 60 年代知识更新速度为 50 年左右翻一番，20 世纪 90 年代以来知识更新加速到 3 至 5 年翻一番。在时代的风云变幻和激烈的国际竞争中，谁掌握了学习的先机和主动权，谁就抢占了生存和发展的制高点。

“不吃饭则饥，不读书则愚”，“刀不磨会生锈，人不学会落后”，党员干部获取科学文化知识、提升工作素质能力的首要途径就是学习。邓小平同志曾强调，“不注意学习，忙于事务，思想就容易庸俗化”。面对新形势、新任务，党员干部更要以身作则、学而不怠，在学习中坚定理想信念、提高政治素养、弘扬优良作风、提升工作能力，不负历史赋予的光荣使命，勇于做学习的带头人。

二、乐学勤学深学，做学习的有心人

只有学习成为起点，事业才有支点；只有学习成为常态，工作才能进入状态。习近平同志在《关于建设马克思主义学习型政党的几点学习体会和认识》一文中指出，“有些党员干部不思进取、碌碌无为，不愿学；有些党员干部热衷应酬、忙于事务，不勤学；有些党员干部装点门面、走走形式，不真学；有些党员干部心浮气躁、朝三暮四、浅尝辄止，不深学；有些党员干部食而不化、学用脱节，不善学。”党员干部特别是领导干部只有重视学习、善于学习，才能不断提升工作能力和水平，才能跟上时代进步的潮流，才能担当起领导重任。鲁迅说，“哪里有什么天才，我是把别人喝咖啡的时间用来工作和学习的。”党员干部要在繁忙工作之余挤时间来学习，多读、多写、多想、多做，在日积月累的学习过程中不断提升能力水平、提高综合素养，为干好工作奠定坚实的基础。

当前，党员干部学习的现状并不令人乐观。《人民论坛》杂志一项“万名党政干部阅读状况调查”显示：取自10多个省、市、自治区的调查样本中，尽管有七成多的党政干部读书愿望强烈，却由于工作忙、应酬多等原因，每周用于读书的时间在6小时以下，甚至更少；五成多受访者表示每年的阅读量不足6本，只有25.4%的受访者表示每年能读10本以上书籍。一些党员干部热衷于“快餐式”阅读，看书看个皮儿，看报看个题儿，读文章、看材料也是一目十行、浮光掠影，浅尝辄止、不求甚解；有些党员干部学习动力不足，厌学怕学，虚以应付，敷衍了事；有的党员干部片面认为自己学历高，不用学，靠吃老本就行了；还有一些党员干部在学习上不求甚解，学得不深、学得不精，学而不思、知行不一、学用脱节。这些都不是小问题，而是关系党员干部素质提高的大问题，必须引起高度重视。

“立身百行，以学为基。”无论什么人、什么组织，要想成长和进步，都必须通过学习。正如自行车的平衡骑行要靠两个车轮的不停前进。人要是不学习，就如同停下来的自行车。自行车停放要靠撑子，没有撑子，单靠两个轮子是立不住的。但要是把车骑起来，向前行进，两个轮子就可以保持平衡了。那原因就在于自行车在运动中保持了平衡。我们在科技迅速发展、知识和信息技术日新月异的今天，有的党员干部有些不适应，感觉自己落伍了，跟不上，为什么？因为世界在动，而自己却原地不动。所以，要想跟上世界和时代的发展步伐，适应社会发展的需要，只有不断地学习充电，而且不断把学习成果转化为推动工作的能力，这样，才能做到学用结合、学以致用、知行并进。

三、抓住学习关键，做学习的主人

有这么一种说法，“未来的文盲，不再是不识字的人，而是没有学会怎样学习的人。”习近平同志强调，“要重学好学，真正把学习当成一种生活态度、一种工作责任、一种精神追求，坚持在学习中感悟人生、提升境界，在学习中开阔视野、丰富知识，在学习中把握规律、探求真理，使自己变得更加充实、更加睿智。”为此，党员干部要认真解决“不愿学、不勤学、不真学、不深学、不善学”的问题，持续激发思学、尚学、勤学的内在动力，努力做到“三个清楚”、“三个转变”。

一是要清楚“为什么学”，使学习由“要我学”向“我要学”转变。古人云：“不学，不足以为政。”学习是前进的基础、事业的基石。不重学则殆，不好学则退，不善学则衰。我们每一名党员干部都要充分认识新形势下加强学习的重要性和必要性，克服“学不学都一样，不影响干工作”、“只要把工作干好了就行，学习没什么大用”等错误思想认识，切实端正学习态度，把心思劲头放在学习和工作上，从“要我学”到“我要学”，从琢磨人变为琢磨事，从跑酒场到进学堂，真正树立起终身学习的理念。在学习的过程中，党员干部一定要有一种等不起、坐不住、慢不得的紧迫感，做到无一时不学，无一事不学，无一处不学，推动学习工作化、工作学习化。被最高人民检察院授予全国模范检察官的吉林省梅河口市检察官张维忠，经常说：“就怕一觉醒来落伍了。”他就是以这种危机感、紧迫感，时刻提醒和鞭策自己，废寝忘食刻苦学习，使自己由一个对法律不通的转业干部，成长为一名曾获得“中国优秀检察官”“五好检察官”“全国模范检察官”“全国先进工作者”等多项国家级荣誉的优秀检察官。学习不是一阵子的事，而是一辈子的事，党员干部要真正使学习由被动学习、应急学习、突击学习向主动学习、潜心学习、科学学习转变，做到主动学习、终生学习。

二是要清楚“怎么学”，使学习由“单一刻板”向“灵活生动”转变。面对悄然来临的“阅读革命”，党员干部要坚持学习方式的多维性，注重拓宽学习途径和渠道。关于如何学，笔者曾在《学习时报》发表的《怎样在“学”上下功夫》一文中写到这几学：“端正学习态度要真学、把握学习重点要精学、创新学习方式要活学、务求学习实效要深学、健全学习机制要促学”。那么，在学习的具体方式上，我们可以向书本学、向实践学、向他人学，充分激发自身的学习欲望和学习热情，避免“被学习”“被教育”“被培训”，力戒浮躁、减少应酬，认真钻研、深入思考，始终保持良好的学习状态。一要向书本学习。书籍是人类进步的阶梯，书籍承载着人类的智慧与文明，需要我们去汲取和传承。“开卷有益”，党员干部要坚持读书学习，把读书与运用相结合、把阅读与思考相结合，不断提高学习能力，拓宽知识视野，保持一颗与时俱进的心，热情接受新事物，积极吸纳新观点。二要向实践学习。实践是认识的源泉。党员干部应当把“读万卷书”和“行万里路”结合起来，把深入实践作为成长成才的必由之路，自觉向实践学习，在实践中汲取丰富的营养，用学习的成果来研究新情况、解决新问题，不断开拓学习和实践的新境界。

毛泽东同志说过，“读书是学习，使用也是学习，而且是更重要的学习。”党员干部要开阔眼界、开阔思路、开阔胸襟，注重学习新形势，研究新情况，解决新问题，在实践中总结经验、把握规律，用实践来检验和提高学习的成效，做学习型、实干型、创新型党员干部。三要向他人学习。党员干部要既要读“有字之书”，也要读“无字之书”，有字书需苦读，无字书要苦悟，从无字之书中深刻领悟做人做事的道理。孔子曰：“三人行，必有我师焉。”要虚心向身边的同志学习，查找差距，取人之长、补己之短。要诚心向群众学习，老老实实拜群众为师，和群众交友。人民是最好的老师，群众是真正的英雄，人民群众中蕴藏着无穷的智慧和力量。知识少了，就要到群众中去学习；办法缺了，就要到群众中去寻找；工作难了，就要到群众中去求教，深入基层，深入群众，以基层的鲜活经验拓宽工作思路，以群众的生动实践创新工作方法，不断提升为民服务、推动发展的本领。工作中，要始终与群众站在一起、打成一片，广开言路，广集民智，广纳良策，善于从群众的实践中汲取营养，努力把人民群众的聪明才智凝聚起来，形成推动科学发展、和谐发展、快速发展的强大合力。

三是要清楚“学什么”，使学习由“被动接受”向“主动选择”转变。现在不少党员干部在工作和生活中遇到了“老知识不管用、新知识不会用”的情况，出现了不同程度的“知识透支”、“本领恐慌”。这就要求我们党员干部要广学、博学，更要精学、深学。要适应形势发展变化需要，紧密结合本职工作，干什么学什么，缺什么补什么，不断完善知识结构。当前，尤其要加强经济、法律、金融、管理、文化等领域知识的学习，还要根据形势发展和任务变化的具体情况，提前做好相关方面知识储备。《党建》杂志曾刊发吉炳轩的署名文章《静下心来好读书》一文中写道，“多读哲学，辩证唯物；多读政治，头脑清醒；多读历史，心静眼明；多读法律，知规守正；多读科技，自觉主动；多读文学，修身养性”。这说的就是广泛涉猎各方面知识的好处。同时，党员干部还要潜心学理论、学科学、学技术、学本领，力求学深学透，不能浮皮潦草、不求甚解。“涉浅滩者得鱼虾，入深海者得蛟龙。”党员干部只有深入系统地学，博览群书，兼收并蓄，才能学有所思、学有所获、学有所成，进而真正达到学以养德、学以增志、学以促干的目的。

第二篇　修炼组织纪律素质，做清正廉洁的党员干部

毛泽东说：“加强纪律性，革命无不胜”。我们这么大一个国家，怎样才能团结起来、组织起来呢？一靠理想，二靠纪律，组织起来就有力量。纪律严明是我们党的光荣传统和独特优势。组织纪律是一种刚性要求、工作规则，党员干部要增强纪律观念、强化规矩意识，心存敬畏、手握戒尺，清白做公仆，踏实干事业，以坚强党性锻炼过硬作风，做为民务实清廉的好党员、好干部。

遵守党纪国法：遵章守纪，争当表率

国有国法，党有党规。对于党员干部来说，党纪国法是从政做人的底线，是不可逾越的红线，也是触碰不得的高压线，更是党员干部实施自我保护的生命线。从中央查处周永康、徐才厚等人违纪违法案件，我们可以清楚地看到，党纪国法不是软约束，法纪面前人人平等，遵守法律没有特权，执行纪律更没有例外。

历史上，没有一个统治集团不注重制定和执行纪律。因守纪律而胜、因无纪律而亡者不胜枚举。北魏末年，驻守北方各镇的兵民不满北魏王朝暴政而纷纷起义，虽然人多势众，但毫无纪律，结果被朝廷镇压。后来高欢起兵，尽管征召的大都是原起义兵勇，但他首先申明纪律，严肃号令，凡违纪违令者，一律严惩不贷，甚至格杀勿论。由于有严格的军纪约束，昔日的乌合之众终成为英勇顽强的军事力量，在后来韩陵等多次重大战役中屡屡获胜，成为北魏王朝的终结者。由此不难看出，纪律是一个组织或集团的生命，没有纪律约束的组织或集团是不可能实现最终理想目标的。

国无法不治，民无法不立。一切组织和个人都必须严格遵守法律，这是现代法治社会的基本要求。党的十八届四中全会吹响了全面推进依法治国的号角，依法治国是我们党领导人民治理国家的基本方略，是国家长治久安的重要保证。当前，我国正处于社会转型和经济结构调整的重要时期，只有大力弘扬法治精神，全体社会成员都自觉遵守法律、维护法律尊严，才能维护正常社会秩序、创造良好社会氛围，才能更好地化解矛盾纠纷、维护社会稳定，也才能谈得上实现公平正义、推进社会和谐。

置身改革发展的时代大潮，面对越来越多的诱惑和考验，每一名党员干部都要坚决执行党的纪律、遵守国家法律，做到立身不忘做人之本、为政不移公仆之心、用权不谋一己之私，在任何情况下都不能逾越法律、纪律和道德的底线，牢记“手莫伸，伸手必被捉”的道理，真正敬畏法纪，树立法治信仰，增强法治观念，自觉遵纪守法。

党员干部首先要遵守党的纪律。严密的组织纪律性，是我们党的一个鲜明特征。我们党是靠革命理想和铁的纪律组织起来的马克思主义政党，在长期的革命实践中形成了纪律严明这个光荣传统和巨大优势。毛泽东同志提出：“加强纪律性，革命无不胜。”周恩来同志指出：“要把我们党造成一个有铁的纪律的、战斗的党，首先就是党员得有自觉性。”在革命战争年代，党领导的人民军队纪律严明，秋毫无犯，《三大纪律八项注意》深入人心，行军路过苹果园不吃群众一个苹果；打进城市露宿街头，不扰市民。正是因为有铁的纪律，顽强的作风、亲民爱民的行动，我们党才能从小到大、由弱到强，最终赢得执政地位。早在20世纪80年代，邓小平同志就根据党的历史经验指出：“我们这么大一个国家，怎样才能团结起来、组织起来呢？一靠理想，二靠纪律。”可以说，广大党员干部严守党的纪律，是我们党不断取得一个又一个胜利的“密码”。

党员干部要自觉遵守党的纪律。对党员干部而言，如果说遵守国家法律是基本义务，那么遵守党的纪律则是基本要求。习近平同志强调：“遵守党的纪律是无条件的，要说到做到，有纪必执，有违必查，不能把纪律作为一个软约束或是束之高阁的一纸空文。”每个党员干部都要必须严格遵守党的纪律，履行其相应的职责，承担各自的责任。一是要严格遵守政治纪律。各级党组织和广大党员干部，必须在政治原则、政治立场、政治观点和路线、方针、政策上同党中央保持高度一致，讲政治、讲原则、讲规矩，锻造政治品格、坚定做人准则、激发信念精神，在任何时候、任何情况下都要做到政治信仰不变、政治立场不移、政治方向不偏，真正做到在大是大非面前头脑清醒、大风大浪面前立场坚定、关键时刻经得起任何考验。二是要严格遵守组织纪律。切实做到“四个服从”，党员个人服从党的组织，少数服从多数，下级组织服从上级组织，全党各个组织和全体党员服从党的全国代表大会和中央委员会。坚决反对一切派别组织和小集团活动，坚决反对自由主义、软弱涣散和独断专行，自觉维护党的团结统一。三是要严格遵守群众纪律。党的群众纪律是我们党一贯强调的重要纪律。党的群众纪律要求党员干部坚持全心全意为人民服务的宗旨，始终保持与人民群众的血肉联系，随时随地维护人民群众的正当利益，不允许以权谋私搞特殊化、不允许欺压群众，更不允许侵害人民群众的利益。遵守党的群众纪律，就要牢固树立群众观点，坚持党的群众路线，做好群众工作，意气风发地带领人民群众奋勇前进。四是要严格遵守宣传纪律。宣传工作具有广泛的影响力和重要的导向作用。遵守宣传纪律，做好宣传工作，要牢牢把握正确的舆论导向，不准发表与党的路线方针政策相违反的舆论。勇于站在风口浪尖讲真话，敢于在众说纷纭中发声音，厘清是非曲直，引导思想舆论。五是要严格遵守保密纪律。保守党的秘密是保证党的信息安全的重要前提，也是党的事业成功的重要保证。在当今信息化时代，特别是网络和电子传媒十分发达的情况下，稍有不慎，就会使党和的机密外泄，造成重大损失。因此，每一个党员干部必须把遵守保密纪律，严格按保密制度办事，严守党和国家机密作为自己的神圣职责。

遵纪守法是每个公民的义务，更何况是党员干部呢？自觉遵守党纪国法，是落实从严治党的根本要求，是维护社会主义法治，建设社会主义法治国家的内在要求。党员干部理应成为自觉遵纪守法的模范。

常怀敬畏法纪之心。法纪既是约束，也是保护。在面对党纪国法时，每一个党员干部都要心存敬畏和戒惧，不要心存侥幸，常律己，以正身。只有警钟长鸣，才能警笛不响。《明史》记载，朱元璋一次早朝后问群臣："天下何人最快活？"大臣们众说纷纭，有说功成名就者快活的，有言金榜题名者快活的等，这时，有位叫万纲的大臣说："畏法度者最快活！"朱元璋听后点头称是，露出了满意的笑容。心有所敬，行有所循；心有所畏，行有所止。敬畏党纪国法、遵守法律法规者，工作快乐自由，生活踏踏实实。党员干部要严守从政准则，恪守职业操守，正确认识自身岗位，正确看待手中权力，时时警醒自己、处处检点自己、事事约束自己。

自觉学习法律法规。知法才能守法。党员干部一定要认真学习国家出台的法律法规和党内颁布的规定条例。在深入学习宪法国家根本大法、民法、刑法等基本法律和相关法律法规、《党章》之外，还要重点学习《党员领导干部廉洁从政若干准则》《党内监督条例（试行）》《中国共产党纪律处分条例》《行政机关公务员处分条例》《关于严禁利用职务上的便利谋取不正当利益的若干规定》等规章制度，学好这些法律法规和条例的内在要求、规定约束，充分认清党纪法规的严肃性、权威性，认清违法乱纪的严重后果，掌握用权做事的行为准则，知道什么可行，什么不可行，切实做到有章必循、有法必依、有令必行、有禁必止。

模范遵守法律法规。模范遵守国家法律法规，这是严格遵守党的纪律的题中应有之义。党的十八届四中全会通过的《中共中央关于全面推进依法治国若干重大问题的决定》指出："各级领导干部要带头遵守法律，带头依法办事，不得违法行使权力，更不能以言代法、以权压法、徇私枉法。"党员干部通过带头学法、普法、信法、遵法、守法、用法，不做违法乱纪的事，切实增强遵纪守法的自觉性和坚定性。现实中，人民群众更多地不是从法律条文，而是从身边党员干部的法治实践中感受法律的权威，树立法律的信仰，确立法治的意识。党员干部一定要依法行政、依法办事，敬畏法律法规，守法纪、守规矩、守本分，真正做到清清白白为官、堂堂正正做人、干干净净干事。处事遵循法律，依法维护人民群众和自身的合法权益，维护社会的和谐稳定，让人民群众感受到法律的权威性和法治的优越性，进而带动整个社会形成守法遵规的良好风尚。

切实增强法治观念。思想是行动的发动机。党纪、国法的条文只有变为自觉的意识、理念和精神才有意义。党的十八届三中全会《决定》指出："健全社会普法教育机制，增强全民法治观念。”增强全民法治观念，首先应增强党员干部的法治观念，提高党员干部特别是领导干部运用法治思维和法治方式深化改革、推动发展、化解矛盾、维护稳定的素质和能力。长期以来，一些党员领导干部习惯于人治思维，缺乏法治思维，遇事总喜欢采用行政手段来解决问题，以言代法、以权压法、徇私枉法，严重违背了法治精神，损害了人民权益，也破坏了法治权威和法治秩序，导致人民群众信访不信法、信大不信小、信上不信下。据报道，内蒙古自治区政府原副秘书长兼法制办主任武志忠，在决定将办案经费抵押到银行搞房地产开发时，就曾有人提醒他：“拿公款抵押办贷款不合适，那得经自治区政府批准，而且自治区政府也不会同意这个事。”但武志忠却口出狂言：“我是谁？我是自治区政府的副秘书长，我就能代表政府，我说了就算！”正是这种独断专行、目无法纪的官僚作风，让武志忠在犯罪的道路上越走越远。党员干部要牢固树立法治观念，坚持依法执政，用法治理念引领社会发展、用法治思维谋划社会治理、用法治方式破解社会发展难题，进而在全社会形成办事依法、遇事找法、解决问题用法、化解矛盾靠法的良好环境。

树立全局观念：
谋全局务实策，观大势做大事

顾名思义，全局观念就是指把握大局、顾全大局的思想认识和理念。把握大局，就是对时代、世情、国情要有全面的、透彻的了解，对影响事物本质和发展趋势的全局性因素要有准确的把握。顾全大局就是要顾全国家的、地区的、单位的、集体的整体利益。全局观念，简单地说，就是指能够从客观整体的利益出发，站在全局的角度看问题、想办法，做出决策。党员干部树立全局观念，要爱党爱国爱人民，心里装着单位和集体的事业和工作，一事当前，先从国家的、地区的、单位的、集体的整体利益着想，以全局的长远的利益为重，以全局的长远的需要为重，善于透过事实表象看清大方向，善于在复杂局面中寻求突破口，以“登泰山而小天下”的气度和胸襟，对大局、对大势了然于胸，找准工作切入点和着力点，做到因势而谋、应势而动、顺势而为。

古人说，不谋全局者，不足以谋一域；不谋万世者，不足以谋一时。目无全局的军人，即使能争得一城一池乃至几城几池，最终难免全军覆没，如同目无全局的棋手，纵然能谋得一子一目乃至几子几目，最终难免满盘皆输。工作中，党员干部应当善于把具体问题提到全局的高度加以思考，不能只罗列现象、看不到本质；善于把局部问题放在整体中加以思考，不能只见树木不见森林；善于把当前问题放在过程中加以思考，不能急功近利、鼠目寸光。就是说，对于工作，一定要重视其规律性、系统性、前瞻性的思考和研究，重视想大事、谋全局，努力做到高瞻远瞩。

树立全局观念，增强大局意识是做好一切工作的前提和基础。心中有全局，行动顾大局。一个党员干部，具有全局观念才能认清形势、明确方向，把握大局才能找准定位、抓住机遇，履行大局责任才能为国建功、为民造福。毛泽东曾指出：“没有全局在胸，是不会真的投下一着好棋子的。”有全局观念，才会决策谋长远、干事利长远、发展为长远，才能自觉认识和把握客观规律，系统思考和谋划发展大计，自觉防止和克服目光短浅、急功近利，努力创造经得起实践、人民和历史检验的政绩。为此，党员干部一定要把有纵观全局的眼界、把握全局的能力、服从全局的觉悟，做到胸怀大局、把握大势、着眼大事，自觉在全局下行动。

山西省右玉县原是风沙肆虐的不毛之地，曾经被外国人预言将变成沙漠，从 20 世纪 50 年代起，18 任县委书记一任接着一任干，60 多年坚持不懈带领群众植树造林。如今，这个县近 90％的沙化土地得到了治理，森林覆盖率从 0.3％提高到 50％，被称为“塞上绿洲”。右玉的党员领导干部不谋一时之利、不图一得之功，而是胸怀全局，把眼光放宽、放远，持之以恒、久久为功，他们真正是知大局、想长远、干实事的干部。因此，作为一名党员干部，要用全面、辩证的眼光看问题，不能坐井观天、盲人摸象，必须立足当前、着眼长远，尊重客观规律，尊重本地本部门的实际情况，不搞脱离实际的盲目攀比，不提哗众取宠的空洞口号，在解决好现实需要的同时，充分考虑长远利益，致力于长远发展，为实现可持续发展打下坚实的基础。

树立全局观念，增强大局意识，就是要讲全局、懂全局、谋全局。“善谋者，谋全局”。没有全局，就没有方向。境界决定眼界，胸怀决定视野。在实践中，我们不难发现，一个人思想上格局的大小，决定其境界的高低、视野的宽窄。强化大局意识，就是在处理问题、推进工作、谋求发展时，坚持把经济发展和群众利益摆在第一位，把具体事务与整体大局紧密联系起来，自觉站在大局的高度思考、谋划和行动，努力在推进发展的同时，推动本单位、本部门工作扎实开展。习近平同志经常讲，想问题、做决策、办事情，要坚持唯物论，使用辩证法，要讲两点论，找平衡点，不能顾此失彼，不能绝对化。当前，全国人民在以习近平同志为总书记的党中央带领下，充满自信地行进在全面建成小康社会，实现“两个百年”奋斗目标的征程上。经济建设、政治建设、文化建设、社会建设、生态文明建设“五位一体”的发展蓝图已经铺开，攻坚克难的改革事业渐次推进，经济转型升级、稳中求进的步伐愈加坚实。在世界经济增长乏力的背景下，中国“风景这边独好”，令世界瞩目。蓝图不可能一蹴而就，梦想不可能一气呵成。为此，党员干部一定要抓住时代变局、世界格局和国家大局，必须始终着眼全局审时度势，既要从本地区本部门本单位的实际出发，创造性地开展工作，又要自觉服从大局，利用大局推动工作，围绕大局狠抓落实。

树立全局观念，自觉地在思想上、政治上和组织上同党中央保持一致，坚持贯彻执行党的路线、方针、政策，坚决维护中央的权威，做到令行禁止。每一个党员干部都要把顾全大局作为处理问题的基本原则，自觉坚持个人利益服从集体利益，局部利益服从整体利益，眼前利益服从长远利益。要防止和克服地方和部门保护主义、本位主义，自觉地把本地、本部门的工作放到全国和当地的改革和发展的大局来考虑，用宽广的眼界和思维审时度势，权衡利弊，把握现在，赢得未来。倘若斤斤计较于眼前利益和个人得失，就会因小失大，造成“一着不慎、满盘皆输”的后果。比如，一些地方在抓发展时搞短期行为，有的大上污染项目，有的不讲诚信，坑蒙拐骗，造假售假，有的贪大求洋，举债搞建设，虽然得到了短期的蝇头小利，却产生难以消除的负面影响，损害了一个地方的长远利益和根本利益，此类教训是非常深刻的。党员干部要站在全局的高度思考问题和谋划工作，为改革、发展和稳定的大局服务，要具有世界眼光，不断提高战略思维、历史思维、辩证思维、创新思维、底线思维的能力，增强工作的科学性、预见性、主动性和创造性，善于小中见大、见微知著，透过细节发现具有方向性、倾向性问题，在工作实践中不断提高执政能力和水平。

树立全局观念，要摆正个人与他人、与社会、与国家之间的关系。做到不以自我为中心，先人后己、公而忘私，多为他人、为群众、为集体、为国家着想。大家都熟悉“各自为政”这个成语故事吧。公元前607年，郑国出兵攻打宋国。宋国派华元为主帅，统率宋军前往迎战。两军交战之前，华元为了鼓舞士气，杀羊犒劳将士。忙乱中忘了给他的马夫羊斟分一份，羊斟便怀恨在心。交战的时候，羊斟对华元说：“畴昔之羊，子为政；今日之事，我为政。”意思是，分发羊肉的事你说了算，今天驾驭战车的事，可就得由我说了算了。说完，他就故意把战车赶到郑军阵地里去。结果，堂堂宋军主帅华元，就这样轻易地被郑军活捉了。宋军失掉了主帅，因而惨遭失败。这个成语的释义是各行其是，不顾全局。党员干部要努力破除“各自为政”思想，进一步增强全局意识和观念。如古人提出的“老吾老以及人之老、幼吾幼以及人之幼”的观点，“不以一己之利为利，而使天下变其利，不以一己之害为害，而使天下释其害”的观点，“苟利国家生死以，岂因祸福避趋之”的观点等，都是全局观念、大局意识的体现。还有我们党提出的群众观点，党和人民的利益高于一切的观点，吃苦在前、享受在后的观点，忠于党、忠于祖国、忠于人民的观点等，都是大局意识的基本内容。党员干部一定要牢牢把握其深刻内涵和实践要求，识大体、顾大局，少讲局部和个人利益，少一些斤斤计较，少一些自我计算，不闹个人意见，不计个人得失。一是要善于统筹，不断强化大局观念和战略思维能力。党员干部要善于科学严谨统筹思考，具体问题具体分析，注重用联系的观点分析问题，找准发展定位，把握发展重点，顺应发展要求，奋力开拓出更为广阔的发展前景。二是要审时度势，善于协调各方面力量。调动一切积极因素，集聚一切优势资源和有效力量，结合实际，创造性地开展工作。三是要突出重点，学会十个指头“弹钢琴”。必须突出重点、兼顾一般，做到重点工作要搞好、一般工作要兼顾、重大任务要完成、日常工作要考虑、关键环节要抓紧，其他环节不放松，通过重点突破，带动全局工作。

树立全局观念，要处处着眼长远。人无远虑，必有近忧。党员干部特别是领导干部要多做功在当代、利在千秋的好事实事，不断提升人民群众的生活质量和幸福指数。一是要决策为长远。坚决不做“决策拍脑袋、执行拍胸脯、走人拍屁股”的“三拍”干部，要居安思危，增强安不忘危、治不忘乱、存不忘亡的强烈忧患意识，不好大喜功，不急功近利，甘当为“后人”栽树的“前人”，多添砖加瓦而少另起炉灶，努力使我们的决策和工作既能造福当代，又能惠及子孙后代。二是要干事利长远。要多打基础、重实际、管长远、顺民意的事，不做涸泽而渔、焚林而猎的事，莫让自己的政绩变成明天发展的沉重包袱。三是要发展求长远。我们要以对历史和人民高度负责的态度，既要谋当前的“显绩”，更要求长远的“潜绩”，树立既要金山银山又要绿水青山、绿水青山就是金山银山的理念，必须坚持好字当头、好中求快、快中求好、又好又快，以更高的质量、更好的效益、更快的速度发展，把加快发展与加强保护有机统一起来，努力为人民群众建设蓝天白云、山清水秀的美好家园。

增强责任意识：敢于担责，主动干事

什么是责任？责任是一个人分内应该做的事情，也就是承担应当承担的任务，完成应当完成的使命，做好应当作好的工作。就是对自己所肩负使命的忠诚和信守，就是忘我的坚守。在其位谋其政，司其职尽其责。对党负责、对人民负责、对事业负责是每一名党员干部义不容辞、不可推脱的责任。党员干部肩负组织重托，承载人民群众厚望，如何履职尽责事关事业兴衰成败，力重千钧。只有每名党员干部都不断强化责任意识，做到言必责实、行必责实、功必责实，认真地承担自己应该承担的责任，我们的事业才能不断地向前发展。

古人讲，“天地生人，有一人当有一人之业；人生在世，生一日当尽一日之勤”。责任，是人作为社会的人应有的价值观，它于我们的工作生活中无处不在，只要稍微留意就不难发现，在各个不同时代、不同历史时期，总有这样一些视责如天的人让我们感动。“精忠报国”的岳飞、“先天下之忧而忧”的范仲淹、“苟利国家生死以，岂因祸福避趋之”的林则徐、“宁可少活 20 年，拼命也要拿下大油田”的王进喜、“绿了荒山、白了头发”的杨善洲等，他们把党的事业看得比天大，把肩负的责任看得比泰山还重，用自身的实际行动对“责任”二字做了最好的诠释。

一个负责任的政党，才能赢得人民的支持；一个负责任的党员干部，才能赢得组织的重托和群众的信任。负责任、勇担当，是党性要求，也是一个党员干部的思想境界、精神追求。内心有责任，行动有干劲。“忠诚信使”——四川省凉山彝族自治州木里藏族自治县“马班邮路”乡邮员王顺友，1984 年，他从父亲手中接过马缰绳，做起了邮递员。20 多年来，他往返于马班邮路上，每年只有 30 天在家，其余时间都是在路上；他跋山涉水，风餐露宿，走了 26 万公里，月投递报纸 700 份、杂志 28 份、信函 45 封、印刷品 25 件、包裹 5 件，没误过一次班期，没丢失过一封邮件……一路颠簸，一路辛苦，王顺友换来了千家万户的便利与信任。河北省张北县大囫囵镇北壕堑村村医史砚红，1998 年从卫校毕业后，她毅然回村当起了乡村医生，她常说：“我选择乡医，就是选择了责任。”给村民看病，她总是随叫随到，被乡亲们称为“乡村 120”。可以说，责任意识体现出一种报效国家的品质、一种爱岗敬业的精神、一种不辱使命的境界。人的能力有大小，水平有高低，但工作能不能干好，很大程度上取决于有没有责任心。没有强烈的责任心，就失去了干工作的根本动力，工作就不能很好地得到落实。每一个党员干部都应该视岗位为机会，视责任为使命，视工作为事业，认认真真工作，踏踏实实做事。

在现实工作中，一些党员干部的责任意识淡薄，不能很好地履行自己的职责。主要表现在：一是遗忘责任。有的党员干部安于现状、不思进取，坐而论道，得过且过，无所作为，表面干实际不干，求无事、图体面、享清闲，当一天和尚撞一天钟，不求有功，但求无过。二是躲避责任。有的党员干部一见好事、有利可图的事就“抢篮球”，一看是难事、烦事、棘手事就“踢皮球”。工作中不愿担当，不讲责任，遇到矛盾绕道走，碰到难题不敢抓，面对风险不敢闯，敷衍推脱，躲事怕事，拿事不当事。三是背叛责任。党员干部不履行责任，也就意味着背叛。有的党员干部被形式主义、官僚主义、享乐主义和奢靡之风所侵蚀，在工作中争权夺利、拉帮结派，不讲是非、推诿扯皮，甚至以权谋私、腐化堕落，以致触犯了法律锒铛入狱。2014 年 8 月 18 日，北京市第二中级人民法院对湖南省政协原副主席童名谦玩忽职守案作出一审宣判，对童名谦以玩忽职守罪判处有期徒刑五年。这是一起因不讲责任导致严重后果的典型案件。童名谦在担任衡阳市委书记期间，严重不负责任，不正确履行职责，致使衡阳市发生严重贿选事件，造成了特别恶劣的政治与社会影响。依法对这起案件进行严厉查处，就是向那些不负责、不尽职、不作为的干部敲响了警钟。

一、讲责任，要牢记职责使命

责任是一种与生俱来的使命。有人说，人生中只有一种追求，就是对责任的追求。西方著名心理学家维克多·弗兰克尔曾经说过：“人生的终极意义就在于承担责任，去寻找很多人生问题的答案，从而不断完成对每一个人设置的任务。”负责任是一种人生态度，是一种价值追求。梁启超在《最苦与最乐》一文中写道：“人生什么事最苦呢？贫吗？不是失意吗？不是老吗？死吗？都不是。我说人生最苦的事，莫苦于身上背着一种未来的责任。”讲责任，就要义无反顾，勇往直前。20 世纪初，一位美国意大利移民弗兰克，经过艰苦的积蓄开办了一家小银行，但一次银行抢劫，他破了产，储户失去了存款。当他拖着妻子和四个儿女从头开始的时候，他决定偿还那笔天文数字般的存款。所有的人都劝他：“你为什么要这样做呢？这件事你是没有责任的。”但他回答：“是的，在法律上也许我没有，但在道义，我有责任，我应该还钱。”偿还的代价是39年的艰苦生活，寄出最后一笔“债务”时，他轻叹：“现在我终于无债一身轻了。”他用一生的辛酸和汗水完成了他的使命与责任。

使命高于一切，责任重于泰山。增强责任意识，每个党员干部要深刻认识到“无功就是过、庸碌就是错”，明白自己在什么岗位、有什么职责、应该怎么干，使经手的每一项任务、每一件工作都优质高效，做到责随职走、心随责走。增强责任意识，就是要想干事、能干事、真干事、干成事，勇挑重担，做到守土有责、守土负责、守土尽责。增强责任意识，就是要真正到一线去了解发现问题，去研究解决问题，到矛盾多的单位去化解矛盾、到困难多的单位去解决困难，做得人心、暖人心、稳人心的好事、实事。

二、讲责任，必须增强责任心

衡量一个党员干部是否有责任意识，对老百姓是否有真感情，一个重要标尺就是看干工作有没有责任心，在本职工作岗位上是否恪尽职守、尽职尽责。托尔斯泰认为：“一个人若是没有热情，他将一事无成，而热情的基点正是责任心。”比尔·盖茨曾经说过，“人可以不伟大，但不可以没有责任心。”责任心是一个人品格和能力的承载，是一个人走向成功所必不可少的素养。

作为一名党员干部，如果没有责任心，工作中就会搞花架子，做表面文章，作风漂浮。如果有强烈的责任心，就会想群众所想，急群众所急，脚踏实地，埋头苦干。我们要以强烈的事业心和高度的责任感对待自己的工作，在岗位上、在责任中体现党员干部的先进性。要勇于干事，敢于担当，不能在其位不谋其政，在岗位不在状态；要各负其责，守土有责，不能拈轻怕重，敷衍塞责，逃避责任；要责权统一，尽职尽责，不能遇到权力往里揽，遇到责任往外推。要在岗一日，尽责一天，做到该努力的不松懈、该负责的不推诿、该承担的不逃避。

个责任意识强的人，从容而不浮躁、充实而不空虚、真诚而不虚滑。有个古代笑话：江苏泰兴县发生蝗灾，县官为了推卸责任，赶紧呈报上级："本县过去从来没有蝗灾，蝗虫是从邻县如皋飞来的。"并写了一道公文请如皋县官下令捕捉蝗虫。如皋县令回道："蝗虫本是天灾，并非本县官无才，既从我县飞去，还请贵县押来。"党员干部要深知，岗位与责任相连，事业与责任相牵，不可须臾淡忘责任、逃避责任，真正做到勇于干事、敢于负责，保持进取心态。视党的事业重如山、视党的形象重如命，忠诚对党、忠诚履职，不做失信、失行、失德之事，做到可信、可亲、可敬。以愿负责的态度、能负责的本领、敢负责的精神，造福一方百姓、成就一番事业。

三、讲责任，要敢于担当

责任是一种义不容辞的担当。习近平同志把"敢于担当"作为好干部的重要标准，为全党确立了鲜明的价值导向。他强调，是否具有担当精神，是否能够忠诚履责、尽心尽责、勇于担责，是检验每一个党员特别是党员领导干部身上是否真正体现了共产党人先进性和纯洁性的重要方面。大家熟知，自古以来的“居庙堂之高，则忧其民；处江湖之远，则忧其君”“为官避事平生耻”“苟利国家生死以，岂因祸福避趋之”“鞠躬尽瘁，死而后已”等格言警句，都体现了沉甸甸的责任担当。顺境逆境看胸襟，大事难事看担当。党员干部敢于担当，敢于作为，才能保持一种干事创业的激情，保持一种攻坚克难的勇气，我们的事业才会从成功走向新的成功，从胜利走向新的胜利。无论什么时候、在什么地方，党员干部都不要忘记自己的责任担当，只有心系事业，勇于担当，对工作负责、对事业负责、对群众负责、对党负责，才能在抓落实的具体工作中实现自己的人生价值，成为一名称职的党员干部。《人民日报》曾刊发的《改作风，贵在有担当》一文中列举了这样一个寓言，说三只猴子叠罗汉翻高墙。一不小心倒了，乱作一团，互相责备。最上面的猴子说：“中间的抖了一下，我才歪了。”中间那只说：“下面的抽搐了一下，我才抖的。”最下面的猴子说：“我好像听见老虎的声音，所以抽搐了一下。”各有各的说辞，各有各的借口。文中还深刻指出：“现实中，如果我们每个人都抱着‘猴子叠罗汉’的态度，碰到难题畏畏缩缩，承担责任相互推诿，遭遇失败彼此指责，那问题谁来管，工作谁来抓，责任谁来负？”文章发人深省，耐人寻味。

党员干部是执政的骨干、事业发展的中坚，要把增强责任意识当作一种品格来培养，一种精神来追求，一种信念来强化，自觉做到“三个负责”，即：对上负责、对下负责、对己负责。对上负责，就是要牢记组织为什么把自己放在这个岗位上工作，多思考怎样才能不愧对组织的信任和培养教育；对下负责，就是要牢记自己的职责使命和工作任务，对人民群众负责，多思考如何更好地为基层、为人民群众服务。对下负责就是真正意义上的对上负责，也是最好的对上负责。对己负责，就是要牢记亲人朋友对自己的嘱托和期望，牢记组织纪律对自己的规范约束，多想想如何才能更好地增长干事创业的本领，实现自己的价值和理想。

党员干部履职尽责、干事创业，要摒弃“不惹事、不干事”的消极思想。当前，中央加大了反腐力度，一大批腐败官员相继落马。这时，有的党员干部感到，现在官真是不好当了，要想不出事，最好就是不惹事、不干事，好好做个无所事事的“安稳官”、四平八稳的“太平官”吧。大家知道，不惹事不等于不干事，不干事就是不作为，就是不称职、失职，同样迟早会被组织和群众所淘汰。任何一名党员干部，都要在不惹事、不出事的前提下想干事、敢干事、会干事，最终还要干成事。在工作中，我们会遇到困难、碰到挫折，要克服懒惰思想、畏难情绪，切实增强责任意识，在冰雪中搏击风浪、磨炼意志、强健体魄。要鼓足勇气、坚定信心，始终保持那么一股劲、一种精神，在挑战中发现机遇，在困难中寻找对策，埋头苦干，攻坚克难，才能把瑰丽的梦想变为美好的现实。

保持清廉本色：激浊扬清，敬廉崇洁

清廉就是清正廉洁，它向来是中华民族崇尚的优良传统和优秀品质，更是中国共产党人的政治本色，是对党员干部最起码的要求。新时期，每一名党员干部都要坚持勤修“清”字，涵养淡泊之志；高悬“正”字，力践公仆之责；常思“廉”字，坚持一心为公；牢记“洁”字，身正一尘不染，常怀律己之心、常怀贪欲之害、常戒非分之想，做到不义之财不取、不仁之举不为、不正之风不沾，真正经受住各种利益和诱惑的考验，始终保持清正廉洁的思想境界和道德操守。

1941 年 5 月，毛泽东在修改中央颁布的《陕甘宁边区施政纲领》时，亲自增写了第八条，即“厉行廉洁政治，严惩公务人员之贪污行为，禁止任何公务人员假公济私之行为，共产党员有犯法者从重治罪”。之后，他又在党的七大上所作的政治报告中明确指出：“我们的具体纲领即中国人民的现时要求是什么呢?”其中重要一点就是，“要求惩办贪官污吏，实现廉洁政治”。

腐败是社会毒瘤。历史反复证明，腐败破坏生产力、瓦解凝聚力、削弱战斗力，国外许多执政党由盛到衰，腐败往往是致命的毒素。1991 年，戈尔巴乔夫宣布苏联解体，标志着走过七十余年岁月的苏联共产党退出了历史舞台。苏联共产党曾经带领民众创造了诸多光辉业绩。在仅有20万党员的时候夺取了十月革命的胜利，在有200万党员的时候夺取了反法西斯战争的胜利，而当拥有2000万党员的时候，却丧失了执政地位。究其原因，归根结底缘于腐败。是贪污腐败导致苏联共产党玩物丧志，不思进取，与人民群众的矛盾日益加深，从而不得不宣布它生命的终结。经验教训告诉人们，贪污腐败是亡国的一剂毒药。

对我们党员干部来说，廉与德、能、勤、绩的关系就好比“1”与“0”的关系，一旦清廉出了问题，都将为“0”，一切都是徒劳。清正廉洁应当成为每一名党员干部的自觉追求。明代名臣于谦有首诗：“千锤万凿出深山，烈火焚烧若等闲，粉身碎骨浑不怕，要留清白在人间。”这表达的就是为官从政要把“清白”作为毕生的追求。明代文学家叶盛的《郑牢论戒贪》一文中讲述这样一个故事，有个叫山云的将军，被派到广西做总兵，他听说当地有给官员送礼的风气，就问一个叫郑牢的老吏自己是不是该入乡随俗。郑牢说，大人刚到此地，就像一件洁白的新袍子，有一点被沾上污秽，就像白袍上染上了一点墨，总是洗不掉的！山云又问，如果不收礼当地人不高兴，那该怎么办？郑牢回答说，为官之人贪财，朝廷有非常严厉的处罚，难道你不怕朝廷的惩罚，反倒怕当地人不高兴吗？山云于是笑着接纳了他的观点。山云镇守广西超过十年，廉洁的操守始终不变。“贪廉一念间，荣辱两重天。”其实，不管是现在，还是过去，不管是领导干部，还是普通基层党员干部，都应该严守清廉的“最底线”。一旦突破了这个底线，人身自由、事业前途、家庭幸福等都将化为泡影。

党员干部要防微杜渐、拒腐防变、坚守气节，做到一身正气、两袖清风，保持共产党人的高尚品德和廉洁操守。一身正气、两袖清风，虽然不是为官的最高境界，但却是从政的底线要求。吉林省人大常委会原副主任汪洋湖在外工作30多年，无论在什么地方，他都坚持住在办公室，不住招待所和宾馆；和同志们一起在职工食堂吃饭，从不开“小灶”。在他的床下总备有一箱方便面，工作忙时这就是“战备粮”。用来煮方便面的是一只20世纪80年代初买的小铝锅，跟随了他十几年。他不仅将送礼者拒之门外，为了避免所管理的水库送礼，还谎称自己不吃鱼。一向艰苦朴素的汪洋湖更不取非分之财。1998年大水过后到汪洋湖离开水利厅，国家投资超过60亿元支持吉林省水利建设。手里有权又有钱的汪洋湖，回绝了一拨拨造访者，其中不乏老朋友、老同事。他积极推进水利建设工程项目法人制、招投标制和监理制改革，还与班子成员约法三章：不谋非分之财，不上人情工程，不搞暗箱操作。就连搞建筑的三女婿，也没从他手里拿到过一分钱的活。由于汪洋湖严格把住资金管理和工程质量关，在国家和省有关部门的14批次检查中，无一重大违规问题；对水利专项资金建设项目进行的44628次质量检测中，单位工程质量合格率达到100%。正因为汪洋湖一贯以身作则，廉洁正直，所以在廉政建设上，他才敢讲“向我看齐”。我们再来看一看山西省晋中市纪委副书记高俊德又是怎样清正廉洁，铁面无情办案件的。他给自己立下“三不”戒律，即“管住自己的嘴，不该吃的饭坚决不吃；管住自己的手，不该拿的东西坚决不拿；管住自己的腿，不该去的地方坚决不去”。工作20年来，共组织参与和直接领导调查各类案件200余起，涉及县处级和科级干部100多人，为国家挽回经济损失近亿元。如果我们每一名党员干部都像汪洋湖、高俊德那样清正廉洁，那么，党和政府在人民群众中的形象和威信自然就会更高。

党员干部要认真践行“三严三实”，做到严以修身、严以用权、严于律己，做到“吾日三省吾身”，自觉“修剪”欲望，茁壮心灵，提升定力，抵制诱惑。公安部原副部长刘金国在中央电视台举行的“感动中国”2011年度人物评选活动中，当选“感动中国年度人物”，这是该项活动开展10年来，首位入选的党政机关在职副部级领导干部，在社会上引起了强烈反响。在颁奖典礼上，刘金国因执行公务不能到场，他在给大家的信中说：“我是人民公仆，如有不廉洁、不公正、不负责、不作为的任何一点，定将主动辞职，坚决言行一致，绝不失信于民。”30多年来，刘金国无论工作岗位、环境、职位如何变化，廉洁奉公、艰苦奋斗的革命本色始终没有变，一身正气、两袖清风的高尚情操始终没有变。他坚守原则、铁面无私，亲手审批过20余万个“农转非”指标，可自己的亲属却无一跳出“农门”，他的妻子退休前仍是一名临时工。他作风简朴、勤俭节约，经常不要陪同、不打招呼就深入基层、深入群众，吃饭除了在机关食堂就是在路边小店，常常用一碗面条就草草了事。他严于律己、恪守原则，从不接受各种宴请，从不接受任何礼品，哪怕是一瓶酒、一盒茶叶。配备的工作用车，家属从未用过。他不仅洁身自好、一尘不染，还严格要求“身边人”、“家里人”，真正做到了“根深不怕风摇动，树正何愁影子斜”。有人说他的清正廉洁是装的，他听后淡然一笑：“有人说我‘装’，那我就‘装’到死。”世间事，做于细，成于严。透过刘金国的感人事迹，我们深深感到，锤炼廉洁自律、克己奉公的道德操守，才能抵制各种诱惑，筑牢拒腐防变的根基。

有这样一个小故事：有一群猴子喜欢偷吃农民的大米，人们想尽了各种捕捉的办法，用装有镇静剂的枪射击，用陷阱、用网具去抓，但都无济于事，因为它们的动作实在太快了。后来，人们去向生物学家请教。生物学家找到了捕捉猴子的方法：将一只窄口的透明玻璃瓶在树干上固定好，放入大米。到了晚上，猴子来到树下，伸手去抓大米（猴子的爪子刚好能从瓶口伸进去），等它抓起一把大米后，由于拳头紧抓着大米，爪子怎么也抽不出来。贪婪的猴子始终不愿意放下已经到手的大米。第二天，人们抓住它时，它依然不愿放手……其实，在人生的道路上，许多人往往都会与猴子犯同样的错误，面对各种利益和诱惑，常常会缺乏理智和定力，该放弃时不能放弃，结果铸成大错，甚至悔恨终生，悔之晚矣。

贪如火，不遏则燎原；欲如水，不遏则滔天。一个人能否清正廉洁，最大的诱惑是自己，最难战胜的敌人不是别人，也是我们自己。节制欲望，管好自己，是党员干部必须遵守的党性原则和基本要求。“贪字近乎贫，婪字近乎焚。”一些贪官由于他们放松了对世界观的改造，经受不住金钱、权力、美色的诱惑，最终腐败堕落，锒铛入狱，不仅名誉扫地，自毁前程，而且遭人唾弃，身陷囹圄，失去自由。历经了高墙下的孤寂封闭与失去自由后的沉痛思索，才醒悟到曾经拥有却又弃如草芥的东西是多么的珍贵！一位贪官在忏悔中这样写道：“历经亲情的阻隔，备受思念的煎熬，我深深领悟到人生的真谛不在于钱有多少、权有多重、名有多望，而在于能在广阔湛蓝的天空下尽情呼吸自由的空气；在于一家人和和睦睦，疲惫时有一个温馨的港湾；在于无论外面的世界如何五光十色，风雨雷电，而静谧的小家却因完整平和而幸福。”这正是鸟之将死，其鸣也哀；人之在难，其言也善。

“清风两袖朝天去，免得闾阎话短长”。党的十八大提出“三清”廉政建设的基本要求，其中有一条就是“干部清正”。党员干部特别党员领导干部要牢固树立“以廉正心、以廉修身、以廉塑形”的理念，通过正确履行职责、行使权力来实现和维护人民群众的根本利益。要经得住各种利益和诱惑的考验，保持清醒头脑，不走邪路、不闯红灯、不破底线，少一点蝇营狗苟，多一分堂堂正正，始终做到自重、自省、自警、自励，永葆清正廉洁的政治本色，以为民、务实、清廉的良好形象赢得人民群众的信任和支持。

弘扬团队精神：心齐移山，合力断金

美国加州红杉是世界上最高大的木材树种，它的高度大约为90米，有30层楼房那么高。一般来说，越是高大的植物，它的根应该扎得越深。因为根扎得不深的高大植物，往往都是非常脆弱的，只要一阵大风，就能把它连根拔起。然而，红杉的根却只是浅浅地浮在地表，可它还生长得很好，这是因为，红杉并不是独立地长在一处，大片红杉的根都是彼此紧密相连，一棵连着一棵的，一片一片地生长。因此，不管多大的风，都无法撼动几千株根部紧密相连的红杉林。可见，个体因整体而强盛，个人因团队而强大。一个人的力量是有限的，但当我们成为一个团队、一个整体，团结合作，齐心协力，那么，我们的力量就会变得非常强大。

所谓团队精神，就是指团队成员为了团队利益与目标而相互协作的意识和作风，共同承担集体责任，齐心合力，汇聚在一起，形成一股强大的力量，成为一个强有力的集体。可以说，团队精神就是一个地方、一个单位的一种组织力、集体力，即1+1>2的结合力，或叫作“系统效应”。大家都知道“拔河”运动，它是最能体现团队精神、团队力量的一项运动，每个人都必须付出100%的努力，心朝一处想、劲朝一处使，紧密配合、互相支持、共同努力，才能形成一股强大的力量，势不可挡，战胜对方。

“大厦之成，非一木之材也；大海之阔，非一流之归也。”团结出凝聚力，团结出战斗力，团结是事业和工作成功的重要前提。有句谚语说得好，“力量不在胳膊上，而在团结上”。团队合作比个人奋斗更重要，每个人的力量是有限的，但只要我们万众一心、众志成城，就没有克服不了的困难和问题。团队精神，简单来说，就是大局意识、协作精神、服务精神、奉献精神的集中体现。那么，作为一名党员干部，怎样才能形成宝贵的团队精神呢？习近平同志曾强调，“要发扬团队精神，做到荣誉面前不争功、利益面前不计较、困难面前不躲闪、责任面前不推卸。”我们每一名党员干部在工作中，都要做到互相团结、互相信任、互相包容、互相补台、互相谦让。

第一，要互相团结。团结是事业之基、力量之源、发展之需。有句俗话：“人心齐，泰山移。”意思是只要人们心向一处，共同努力，就能发挥出移动高山的巨大力量，克服任何困难。我国古代著名的“岳家军”和“戚家军”，之所以有战斗力，最重要的一条就是团结。戚继光以“岳家军”为榜样，经常向官兵灌输团结起来敌不可“撼”的道理。他说：“宋时敌称岳忠武军曰：撼山易，撼岳家军难！夫军士一人，不过一百斤气力，如何比山难撼？”他认为这是由于岳家军能够“军士万人一心，一个百斤力，万个百万力矣，如何撼得动”。正因为戚继光重视部队的团结，注重培养官兵的团结互助精神，从而使“戚家军”不但能在战斗中赢得胜利，而且伤亡很少。上下同欲者胜。大家都知道汉代韩信背水的故事。当时韩信受命进攻赵国，带着一支缺乏训练的部队，面对的是十几倍于己的强敌。为激励士气，韩信背河布阵，不留后路，使得人自为战，以一当十，最后取得胜利。这说明，只有上下同心，敢拼才会赢。一个地方、一个单位搞得好不好，上下同心、团结协作非常重要。歌德说："不管努力的目标是什么，不管他干什么，他单枪匹马总是没有力量的。合群永远是一切善良思想的人的最高需要。"懂团结是大智慧，会团结是大本事，真团结是大境界。我们每一位党员干部都要有这样的认识，大家在一起工作，是一种难得的缘分、一段难忘的经历。要以主人翁的姿态看待集体、团队和事业、工作，心往一处想，劲往一处使，真正融入集体，把自己看成是集体和团队的一部分，岗位是短暂的，但事业是永存的。如果离群索居、孤军奋战，势必会影响和阻碍个人的成长、成才和成功。我们要坚决抵制个人主义、本位主义和小团体主义，以事业为重，以大局为重，以长远发展为重，团结共事。真正视团结为生命，像保护自己的眼睛那样，来维护彼此之间的团结，正确处理好个人与组织、小我与大我的关系，坚决打消个人打算、个人利益、个人英雄主义的念头，自觉做到"两讲"、"三多"，即：大事讲原则，小事讲风格；遇事多沟通、多谅解、多换位思考。党员干部要做到不利于团结的话不说、不利于团结的事不做，有话说在当面、有事摆在桌上。虚心向别人学习，心胸开阔，虚怀若谷，从善如流，平等待人，乐于听取各种意见包括不同意见，自觉接受监督。发扬团结协作的团队精神，靠团结协作来积聚能量，靠团结协作去破解难题，靠团结协作去成就事业，不断从团结中得到力量，从协作中找到方法。这样，我们的工作一定会得到很好的落实，事业一定会得到很好的发展。

第二，要互相信任。信任是一种力量，是一种凝聚力。党员干部要始终把相互信任作为合作共事之本。一是信任能使人处于互相包容、互相帮助的人际氛围中，易于形成积极向上的团队精神。二是信任能使每个人都感觉到自己对他人的价值和他人对自己的意义，满足个人的精神需求。三是信任能有效地提高合作水平及和谐程度，促进工作的顺利开展。有人说，信任是做事的基石；有人说，信任是成事的保障。党员干部之间缺少信任，再简单容易的事情，都不可能做成；党员干部之间缺少信任，我们就会失去做事的动力，也不可能做成事。党员干部之间要真正做到心往一处想，劲往一处使，合心、合力、合拍干事业，离不开真挚的信任。因此，一个地区、一个部门的党员干部要坚持相互信任、相互尊重、相互帮助、相互支持，推动形成既有统一意志、团结紧张，又有心情舒畅、生动活泼的良好局面。否则，互相猜疑，相互戒备，彼此抵触，团结就无从说起，合作更无从谈起。

第三，要互相包容。古人说，“唯宽可以容人，唯厚可以载物。”心胸有多大，事业就有多大。只有发扬求同存异、体谅包容的优良传统，群策群力，和谐共事，才能干成事。大家在一个单位、一个集体中共事，难免得有发生矛盾和误会的时候，这就需要我们有一种相互体谅、相互包容的心胸和气度。有句老话讲：“天下事，何时了，有些事，不了了，一定了，不得了。”意思是说，一些小事应以难得糊涂为座右铭，真要是较起真来，既影响工作，又影响感情，实在没有什么价值和意义。党员干部要有一颗包容之心：一是要能容人，搞得好团结。量小失众友，度大集群朋。党员干部要有容人之量，爱才之心，做到容人之短，不挖苦、不嘲弄；容人之长，不嫉妒、不诋毁；容人之异，不猜疑、不排挤；容人之过，不苛责、不报复。二是要能容事，打得开局面。容他人所不能容，方能为他人所不能为。工作中，党员干部要提高团结协作、合作共事的能力，同事之间多通气、少赌气，多理解、少误解，多欣赏、少指责，尊重和包容不同意见的存在和表达，以民主的作风团结人、凝聚人，真正在合作共事中增强信任，在相互支持中增进感情。党员干部要站得高、看得远、想得全，拿得起、放得下、挺得住，真正修炼出宠辱不惊、顺逆不改、贵贱不移、忙闲不怠的胸怀和境界。三是要能容言，愿意听真话。古人尚且深知"兼听则明，偏听则暗"，作为新时期的党员干部，要听得进"忠言"。有听取群众尖锐批评、逆耳忠言的坦荡胸襟，虚心接受别人的批评和建议；容得了"异言"。真诚面对、客观分析不同的意见和声音，有则改之、无则加勉；辨得出"谗言"。自动远离别有用心之人的吹捧、诽谤之词，保持清醒头脑，不可偏听偏信；经得起"流言"，流言止于公开，谣言止于智者。面对一些流言蜚语，要及时澄清事实真相，积极引导社会舆论。

第四，要互相补台。工作中，党员干部应各司其职，补位不越位，补台不拆台，不争功诿过，在互促互助中实现思想的磨合、工作的配合。相互补台才能好戏连台。相互补台就是想方设法帮助他人，确保事情成功。党员干部要清楚补别人的台就是补工作大局的台，也就是补自己的台。"智者千虑，必有一失"，自己的想法和干法不一定正确，或不是最好的，不要把别人"补台"建议看成"反对意见"，看成是"拆台"。只要多替他人考虑，多方合作共事，就能演出一台又一台"好戏"来。当然，

“补台”并不是毫无主见的盲从、毫无原则的迁就，对涉及个人利益的小事要讲风格，但当发现其他党员干部所负责的工作，存在事关原则性的问题时，如在工作决策方面、执行方面、落实方面存在缺点和不足，有可能造成严重失误时，就要敢于“拆台”、敢于“挡驾”，大胆提出自己的意见和建议，使问题得到及时修正，不断进行完善，减少损失和不良影响。

第五，要互相谦让。谦让是人生的一种美德，是处理和改善人际关系的润滑剂。中国自古以来就是礼仪之邦，谦和、礼让更是中华民族的传统美德。我们来看一下“六尺巷”的故事：清朝康熙年间，有个大学士名叫张英，一天他收到家信，说邻居重修府第，将两家公共的弄墙拆去并侵占三尺，与其发生纠纷，要求他出面干预。张英阅信后坦然一笑，挥笔写了一封信，并附诗一首：“千里修书只为墙，让他三尺又何妨？万里长城今犹在，不见当年秦始皇。”家里人见信后，即命退后三尺筑墙，大家交口称赞。邻居一家人十分感动，也把围墙后退三尺。两家人的争端很快平息了，这样在两家之间，空了一条巷子，有六尺宽，六尺巷由此得名。张英谦虚礼让的美德由此传扬。可见，你以宽容和谦让对待别人，自然也会得到别人的理解与尊重。同样，在一个集体和团队中，不可能每个人的性格、风格都完全相同，也不可能每个人的想法、意见都完全一致，作为集体中的一员，必须要有宽阔的胸襟、谦和的气度、闻过则喜的修养，找准自己的位置，把握好自己的角色，做好自己的本职工作，识大体、顾大局，相互支持，相互配合，为着共同的目标齐心协力、同舟共济做好工作。

强化自律意识：
“大道”不偏离，“小节”不丧失

作为一名党员干部，不仅要按照党纪国法高标准要求自己，明确政治方向，坚持政治原则，遵守政治纪律，提高政治敏锐性和政治鉴别力，做到在大是大非面前能够把握住自己，而且也要在日常小事和生活细节上守住底线，防微杜渐，严于律己，抗拒诱惑。唯有如此，才能做到“大道”不偏离、“小节”不丧失。

周国平在北大做过一次演讲，题目叫“中国人缺少什么”，他认为，中国传统文化的严重弱点是重实用价值而轻精神价值，中国人缺少的不是物质文明，而是精神文明，所以没有敬畏之心，缺乏自律意识。古人讲：“君子为政之道，以修身为本。”自律是做人、做事、做官的基础和根本。一个党员干部的自律，可以影响周围一群人；全体党员干部自律，就能影响整个社会了。

大节不可失，小节不可纵。在工作和生活中，党员干部一定要切记：不该说的坚决不说、不该办的坚决不办、不该拿的坚决不拿等，我们要以原则为前提，以道德为规范、以党性为要求，上对得起组织培养，下对得起普通群众，更要对得起家人对自己的期望，切实用严格的自律意识，经受住各种诱惑和考验，做到慎独、慎欲、慎微、慎始、慎终、慎交友，树立起党员干部自身良好形象。

一要慎独。所谓“慎独”，是指一个人在独身自处无人注意时，也能够谨慎律己，一身正气做人，一丝不苟做事，一尘不染做官。“慎独”，是衡量一个人思想觉悟和道德水平高低的“试金石”。古今中外，先哲贤人们都十分重视“慎独”。我国古代儒家在《礼记·中庸》中有，“莫见乎隐，莫显乎微，故君子慎其独也”，意思是说，一个人只要他内心有了不好的念头，尽管很隐蔽，很细微，没有不显露出来的。所以，当君子独身自处之时要严格要求自己。两千多年前的古希腊唯物主义哲学家德谟克利特也说过，“要留心，即使当你独身一人时，也不要说坏话或做坏事，而要学得在你自己面前比在别人面前更知耻”。这里有一个东汉杨震“暮夜却金”的故事。杨震为人正直，清正廉洁，从来不收受别人的贿赂。一次赴任途中，以前他举荐过的秀才王密，为答谢杨震过去对自己的举荐之恩，深夜造访，馈以重金。杨震很是生气，断然拒绝。王密说：“现在是晚上，没有人会知道。”杨震说：“天知、地知、你知、我知，怎么能说没有人知道呢？”王密十分惭愧，只好作罢。党员干部要慎独，懂自律，拒腐蚀，永不沾，做到心怀坦荡、表里如一、问心无愧。刘少奇在《论共产党员的修养》中，将“慎独”作为领导干部党性修养的有效形式和最高境界加以提倡：“即使在他个人独立工作、无人监督、有做各种坏事的可能的时候，他能够‘慎独’，不做任何坏事。”党员干部不仅在公开场合、集体活动和有人监督的时候，要严格要求自己，而且在远离组织、其他场合或无人监督的时候，也要做到台上台下一个样，人前人后一个样，工作时间和业余时间一个样，自警自律，不放纵、不越轨，心存敬畏，坚守正道。

二要慎欲。有道是“壁立千仞，无欲则刚”。有些干部在急难险重的任务面前敢打敢拼、敢作敢为，但面对功名利禄却心乱神迷、不知所措；有些干部平时温文儒雅、严肃认真，但一到灯红酒绿的场所就乱了方寸、慌了阵脚。古人云：“祸莫大于不知足，咎莫大于欲得。”党员干部要牢记“贪为火，不遏则燎原；欲为水，不遏则滔天”的古训，牢固树立正确的人生观、利益观和价值观，自觉抵制灯红酒绿和各种腐朽思想文化的侵蚀，遏止私欲膨胀。“欲壑难填”这个成语，就说了欲望的可怕之处。当前，绝大多数出问题的官员，都是因为欲望太多，被各种各样的欲望拖下水的。党员干部千万不要有过多的物质追求，而要有更高的精神追求和价值追求，注重培养健康的生活情趣，正确选择个人爱好，明辨是非、淡泊名利、宁静致远，始终保持“财贿不以动其心，爵禄不以移其志”的品行，不能为欲所困、为欲所左右。我们看一下“玩物丧志”的故事：春秋时，卫国第十八代君主卫懿公特别喜欢鹤，整天与鹤为伴，如痴如迷，丧失了进取之志，常常不理朝政、不问民情。他还让鹤乘高级豪华的车子，比国家大臣所乘的车还要高级，为了养鹤，每年耗费大量资财，引起大臣不满，百姓怨声载道。公元前659年，北狄部落侵入国境，卫懿公命军队前去抵抗。将士们气愤地说：“既然鹤享有很高的地位和待遇，现在就让它去打仗吧！”懿公没办法，只好亲自带兵出征，与狄人战于荥泽，由于军心不齐，结果战败而死。究其原因，大家不难看出，卫懿公纵情逸乐，最终导致腐化堕落。

三要慎微。千里之堤，溃于蚁穴。慎微就是要防微杜渐，坚持做到莫以恶小而为之，在小事上、细节上、小节上严于律己，挡住诱惑，经受住考验。有这样一则寓言：有个偷针者和偷牛者一起被游街，偷针者感到委屈，发牢骚说："我只偷了一根针，为什么和盗牛贼一起游街，太不公平了！"盗牛者对他说："别说了，我走到这一步也是从偷针开始的。"这个故事告诫人们，任何事物都是由小变大，由量变引发质变的。小事、小节上把持不住，就会"温水煮青蛙"，小毛病演变成大问题。一些党员干部走上违法犯罪道路，绝不是一天两天的事，有的党员干部从最初的吃一点、喝一点、玩一点、拿一点不是什么问题开始，慢慢放松约束，滋长放任心理，在"温水"中越陷越深，难以自拔。正是这种"小节无害"的思想，使他们到头来小节没守住，大节也难保，滑向罪恶深渊。正如西方民谣所说"丢失了一只钉子，坏了一只蹄铁；坏了一只蹄铁，折了一匹战马；折了一匹战马，损了一员战将；损了一员战将，输了一场战争；输了一场战争，亡了一个帝国。""不矜细行，终累大德；为山九仞，功亏一篑。"小事小节中有党性、有原则、有人格。党员干部要懂得，哪些事情碰不得，哪些东西染不得，哪些场所去不得，"百尺之室，以突隙之烟焚"。小事当谨，小节当慎。心明如镜，不让纤尘。在历史上，大凡能"公清若水，德溢馨风"者，大都能防微杜渐、慎微励志。党员干部的一言一行、一举一动，人民群众都看在眼里、记在心上，党员干部要警惕"小节"的潜移默化的腐蚀作用，做到"心不动于微利之诱，目不眩于五色之惑"，修身律己，正心养德，努力形成不染纤尘的道德修养、秉公办事的职业操守、甘于淡泊的人生境界。

四要慎始。党员干部要慎重对待每一次诱惑特别是第一次诱惑，不能有丝毫贪恋，不能留任何余地。有这样一个历史故事：

一个古代官员乘轿进城遇雨，看到一个轿夫穿了双新鞋，开始时小心翼翼地只挑干净的路面走，“择地而行”，后来轿夫一不小心，踩进泥水坑里，由此便“不复顾惜”了，遂肆意踏入污泥坑。现实生活中一些党员干部也是这样，当初都能够做到清正廉洁，一旦不小心沾上“泥水”，就从此放弃了自己的操守，破罐子破摔了。面对诱惑，要想不做悔不当初的事情，就必须把“何必当初”改为“何不慎初”。一定不要心存侥幸，等到东窗事发，那就悔之晚矣。沉痛的教训告诉我们，要想善终，必须慎始；要想清正廉洁，永葆本色，就必须把好第一道关口，守住第一道防线，决不被突破。党员干部要严防一念之差、一时糊涂、一穴溃堤，严防不知不觉地变质，不断增强自我净化、自我完善、自我提高的能力。

五要慎终。老子曰：“慎终如始，则无败事。”一日得失看黄昏，一生成败看晚节。唐朝名相魏徵认为，“善始者实繁，善终者盖寡。”的确，一个人做到慎始并不难，难的是慎终如始，一如既往，始终如一。有这样一个故事，说的是一个手艺精湛的老工匠一辈子兢兢业业为老板干活，退休前老板请他帮忙造最后一栋别墅。此时，老工匠的心思早已不在工作上了，干活用料既不认真也不严格。别墅建好后，老板把钥匙交给老工匠，说这是他早已为老工匠定下的退休礼物。老工匠羞愧万分，他一生建造了许多精美的建筑，最后却为自己建了这样一幢粗制滥造的别墅。日常生活中，类似老工匠的故事不少。在一些地方和部门，滋生出的诸如“49 岁现象”“58 岁现象”，有的党员领导干部眼看升迁无望，便催生“有权不用、过期作废”的想法，趁退休之前捞一把，滥用职权，祸国殃民。甚至有的党员领导干部退休后还利用“余威”谋取私利，违法违纪，走上歧途……凡此种种，皆不能慎终善终，真是一生清名毁于一旦。因此，慎始固然重要，慎终更加可贵。

六要慎交友。“物以类聚，人以群分”。同谁交朋友，怎样交朋友，对党员干部自身的健康成长至为重要。交对一个朋友，也许就是迈上了进步成功的梯子。交错一个朋友，就有可能会掉进一口恐怖的陷阱，这就是“居必择邻，交必择友”的道理所在。君子之交淡如水。党员干部应当广交志同道合的朋友，这是做好工作的必要条件；同时，又要慎交朋友，这是保持廉洁的必然要求。内蒙古自治区供销社原党组书记兼理事会主任薄连根，平日里喜欢和商人老板交朋友，那些围绕在薄连根身边的开发商们，为了各自的利益，或以金钱为诱饵、或以娱乐为纽带，主动与薄连根拉关系、套近乎，迎合他的需求。薄连根在大小老板们的簇拥下，经常出入星级酒店、公馆会所，在吃喝玩乐走上了犯罪的道路。常言道：以势交者，势倾则绝；以利交者，利穷则散；以色交者，色衰则疏。党员干部要多同普通群众交朋友，多同基层干部交朋友，多同先进模范交朋友，多同专家学者交朋友，远离那些擅长甜言蜜语、阿谀奉承、拉拢引诱的人。要正确处理人际关系，积极开展健康文明的人际交往，一定要择善交友、以德交友，多交益友、净友、挚友，少交权友、钱友、色友，反对庸俗低俗的交往，净化自己的社交圈、生活圈和朋友圈。

第三篇　修炼工作作风素质，做勤政务实的党员干部

人心向背看作风。工作作风是党员干部世界观、人生观、价值观的反映，是理想信念、政治品质、思想道德的集中体现。作风虽然无形，但影响力却无处不在。良好的工作作风会产生无穷的创造力，形成巨大的凝聚力，造就坚强的战斗力。

“作风建设永远在路上。”在革命、建设和改革时期，我们党形成了许多优良传统和作风，如密切联系群众，批评与自我批评，勤俭节约、艰苦朴素等，这些对于我们党的发展壮大和所取得的巨大成就居功至伟，都是永远不能丢弃的“传家宝”。当前，我们要巩固和发扬群众路线教育实践活动取得的成效，坚持不懈地加强和改进工作作风，为民谋利、为民解难、为民服务，努力成为修身用权律己严、谋事创业做人实的党员干部。

自觉爱岗敬业：人生价值写在岗位之上

现实工作中，总有这样一些人让我们深深感动：航空发动机专家吴大观，以对航空事业几十年如一日的热爱，毕生致力于适合我国国情的新型航空发动机研制方法和程序的研究，88岁高龄才离开科研一线，为促进我国航空工业的发展作出了重要贡献；武警新疆总队医院院长庄仕华从18岁入伍当卫生员起，就立志做一名救死扶伤的好医生。39年来，他始终以严肃、认真、负责的态度对待自己的工作，勤勤恳恳，兢兢业业，把全部精力和心血倾注在解除患者病痛上，用对职业的忠诚和热爱兑现着自己“做一名救死扶伤的好医生”的诺言……爱岗尽责，勤勉敬业，在他们身上闪光。

爱岗敬业，顾名思义，就是爱岗与敬业的总称。所谓“爱岗”，是指热爱自己的工作岗位，热爱自己的本职工作。所谓“敬业”，是指用一种严谨细致的工作作风对待自己的工作和任务，认真负责，任劳任怨，忠于职守，精益求精，尽职尽责。爱岗是敬业的基石，敬业是爱岗的升华和体现。任何一份职业，一个工作岗位，都是一个人赖以生存和发展的基础保障。在日常工作中，党员干部要把爱岗敬业作为第一责任，立志在自己平凡的岗位上干出不平凡的成绩，恪守职业道德，弘扬职业精神，为民服务，鞠躬尽瘁，做一颗永不生锈的“螺丝钉”。

岗位就是舞台，职务就是责任，工作就是事业。有这样一个故事，说有人问三个砌砖工人：“你们在做什么呢？”第一个工人说：“我正在砌砖。”第二个工人说：“我正在赚钱。”第三个工人却说：“我正在建造世界上最美丽的房子。”故事的结果就是到了最后，前两个工人还是普普通通的砌砖工人，而第三个工人却成了伟大的建筑师。岗位是锻铸人格的熔炉，是实现价值的舞台。专注本职，安心岗位，操心想事、用心干事、尽心成事，砌好每一块砖，自己人生最美丽的建筑终将拔地而起、巍然屹立。

党员干部要以平淡之心对待职务，以感恩之心对待组织，以奉献之心对待工作，把岗位当事业来干，把事业当作生命来珍惜，兢兢业业做事，踏踏实实工作，勇当先锋，建功立业。武汉市江岸区后湖街金桥社区卫生服务中心主任王争艳，长期工作在基层门诊和社区卫生服务中心临床一线。从医 25 年来，她始终把患者的利益放在首位，千方百计地减轻患者负担，坚持因病施治、对症下药，开出的处方平均费用没有超过 80 元，力求让患者花最少的钱得到最有效的治疗，尽力为群众提供安全、有效、价廉的医疗卫生服务；她急患者所急、解患者所忧，虽然自己生活并不宽裕，但无数次为患者垫付医药费，从不求回报；她长期扎根基层，作风严谨，恪守医德，廉洁从医，从不接收患者的“红包”，放弃到收入高、待遇好的地方工作。一年 365 天，只要是上班时间，在她的左上口袋里总装着一个小电筒，左下口袋里总是一包棉签，右下口袋里备着一副听诊器，手腕上戴着的是一块十年前医院建院百年的纪念手表。小电筒、棉签、听诊器、手表，就是她诊断病情的“武器”。她诊疗有个好习惯——从不打断病人讲述，始终微笑着注视对方，接下来，她会用双手为病人做检查。王争艳硬是凭着自己的双手和耐心，用视、触、叩、听的医疗基本功，摸出了仪器都难以检查出来的病。黄陂农民刘耀东，因持续消瘦四处求医，跑了多家医院，各种检查花了一千多元，病因仍然没有找到。经人介绍，他找到王争艳，开口第一句话就说：“医生，我没钱，做不起检查。”王争艳温和地笑着，仔细询问了他的病情，然后从头到脚仔细检查。最后，王争艳让他躺在诊断床上，用双手摸他的肚子。几分钟后，王争艳说：“您是不是得过血吸虫病?”刘耀东惊呆了：“十几年前我得过这个病，您怎么知道的?”专科医院证实，王争艳的诊断完全正确。刘耀东逢人就夸：“王大夫真神了，她一摸，就知道我是什么病!”王争艳立足岗位、甘于平凡、赤诚奉献、任劳任怨，满腔热情地为广大患者排忧解难，用爱岗敬业的实际行动诠释了上医之境，赢得了患者的爱戴、同行的尊敬和社会的赞誉。

爱岗敬业，就是要用一种严肃、认真、负责的态度对待自己的工作，勤勤恳恳，兢兢业业，坚守平凡，创造非凡。我国古代思想家非常提倡敬业精神，孔子及其弟子主张“敬事而信”、“执事敬”，朱熹解释敬业为“专心致志，以事其业”。认真做事只是把事情做对，用心做事才能把事情做好。党员干部要高标准、高质量地完成各项工作任务，必须要有用心尽责、认真负责的态度。我们的事业由千万个岗位组成的，我们每个人的岗位都承担着平凡而又责任重大的工作，如果没有较强的敬业精神和崇高的职业操守，就不可能做好自己本职工作。有这么一种说法，如今干部的工作态度可以分为三种：一种是把工作当成事业，另一种是把工作当作职业，还有一种是把工作当成副业。有什么样的工作态度，就有什么样的工作状态和工作境界。把工作当成一种事业的干部，不是为工作而工作，而是通过努力工作实现为党分忧、为国奉献、为民造福的理想抱负和个人价值。把工作当作一份职业的干部，则完全是为工作而工作，工作是为了养家糊口、维持生计，把工作当作谋生之术、安身之道。把工作当作一门副业的干部，工作仅仅是一个招牌、一个幌子，他们心不在焉、漫不经心，把心思和精力都放在本职之外，有的甚至利用公职、公权揽私活、谋私利，成为历史的罪人。“最美司机”吴斌是杭州一位优秀的客车驾驶员，“平凡48年、伟大76秒”。2012年5月20日，他驾驶大客车从无锡返回杭州途中，一块铁块从对面车道飞来砸中他的腹部和手臂，导致其三根肋骨被撞断，肝脏被击碎，在危急关头，他强忍剧痛，镇定地完成换挡、刹车等一系列操作，确保了大客车上24名旅客的安全，而自己却因伤势过重献出了年仅48岁的宝贵生命。吴斌身上集中体现了临危不惧、忠于职守的工作态度和爱岗敬业、忘我奉献的崇高品质，成为我们学习的榜样。

爱岗敬业，就是要以挚爱之心对待岗位，干一行、爱一行、钻一行、精一行，满腔热情地投入工作，努力在本职岗位上创造一流业绩。“知之者不如好之者，好之者不如乐之者”，敬业的党员干部对岗位、事业和工作的热爱，是取得好的工作成果的秘密所在。“热爱是最好的老师”，党员干部要把自己的兴趣爱好与所从事的职业结合起来，我们不仅要爱一行、干一行，更为可贵的是干一行、爱一行，在工作中要逐步培养自己的兴趣，努力保持长久的积极主动的敬业精神。全国创先争优优秀党员、全国“五一”劳动奖章获得者、呼和浩特铁路局职工孙奇从事铁路工作20多年，无论在哪个岗位，她都敬而爱之，乐此不疲，把本职工作做到最好。当线路工，她扒道砟、抡洋镐，与男工友一样脏活重活抢着干；当客运员、班组长，她热情服务、精细管理，班组获评“全国青年文明号”；当售票员，她废寝忘食钻业务，总结出“七字售票作业法”和“十二句服务规范用语”，在全国铁路客运系统推广。为减少旅客购票时间，她仅用25天就记熟所有过往客车的1120个停车站代码，练就了“话音落、车票出”的绝活，创造了呼和浩特铁路局单班售票2475张的纪录。正如《光明日报》短评所写的：“孙奇事迹启示我们：岗位平凡，诚敬就能创造伟大；职业平常，用心就能让人生出彩。九层之台，起于垒土；千里之行，始于足下。在追求梦想的道路上，各行各业、各个岗位，都需要像孙奇那样虔诚执着，用极端认真负责的态度对待自己的职责，才能更好地成就事业……”这里有一个“一万小时定律”，是说人在某一方面要想有所作为、有所成就，要得坚持一万个小时，相当于每天练习近3个小时，坚持10年。作为一名党的干部，你能坚持吗？坚持住了，你就会成为某一方面的专家。“古之成大事者，不惟有超世之才，亦必有坚韧不拔之志”，说的就是这个道理。

爱岗敬业，就是要在爱业的基础上敬业，在敬业的基础上创业。敬业贵在乐业、创业。敬业不光是踏实干好一份工作，还要勇于开拓创新，不断创新、创业、创造，做到谋事有想法、干事有章法、遇事有办法，提高工作效能，激发工作活力。最美邮递员——上海市邮政公司普陀区曹杨新村支局投递员叶其懂，14年来累计投递信函、报刊、包裹300多万件，妥投率达100%。

他负责投递的社区，是上海市中心城区拥有10余万人口的大型居住区。为了能准确、高效地投递到户，他常常利用休息时间到邮路上去熟悉地形，把住户、租客、商家、企业的变动情况记录在随身携带的小本子上，整理出了2000多条用户信息。正是有了这一“法宝”，他成了同事们眼中的“活地图”、“业务通”。14年来，叶其懂使2400多封“死信”、1000多个疑难包裹得以复活，还摸索出“查询法”“试投法”“贴条法”等方法，已作为先进投递标准在行业内推广。敬业的最高境界是创业，本职岗位就是创业的最好平台。党员干部要像叶其懂那样，敬业乐业、乐业创业，走新路、创新业。工作中，我们要把心思集中在“想干事”上，把本领体现在“会干事”上，把目标锁定在“干成事”上，身先士卒、主动靠前、主动出手，定下来的事情要雷厉风行、抓紧实施，部署了的工作要一抓到底、抓出成效，已经完成的任务要及时总结、完善提高。在落实工作的过程中，我们不要只满足于程序走到了，工作完成了，而是要看最终的工作效果如何。这样，才能不断地创出新业、创出佳业、创出实绩。

爱岗敬业，就是要以坚守阵地的态度和顽强拼搏的精神干好工作。古人云：“在其位，谋其政；行其权，尽其责。”以坚守阵地的态度和顽强拼搏的精神干工作，就是忠于职守、守土有责，干不好工作就寝食不安，而不是心浮气躁、患得患失；就是一往无前，勇攀高峰，不创一流誓不罢休，而不是不求有功，但求无过。在这方面，我们应该向解放军优秀档案专家、解放军档案馆原馆员刘义权同志学习，他把平凡岗位看作人生舞台，把本职工作作为人生追求，任劳任怨，顽强拼搏，不管时间如何变换，环境如何变化，从不懈怠、从不动摇。他从事档案工作38年，征集和接收了 83 万多份我军历史档案，足迹遍及全国，行程不计其数。特别是退休后，在身患重病的情况下依然坚持正常工作，在生病期间的 8 个月里他又完成了 5000 多份档案的查阅和整理。党员干部需要有刘义权同志这种爱岗敬业、执着坚守、直面生死、分秒必争的拼搏进取和牺牲奉献精神。

密切联系群众：将人民群众真正装在心里

世界上有一种最宝贵的东西，它看不见、摸不着，却能深刻地影响一个执政党的前途命运。赢得了它，执政党就有了优势；失去了它，执政党就会面临危险。它就是民心，就是人民群众的拥护和支持。我们只有真正把人民群众装在心里，为民谋利，专心干事，让民满意，才能赢得人民群众的真心拥护和全力支持。

“天地之间，莫贵于民”。密切联系群众，是我们党的优良传统和作风。毛泽东同志曾把共产党人比作“种子”，把人民喻为“土地”，说只要把“种子”播在“土地”上，就能在人民中生根、开花、结果。回顾我们党九十多年苦难辉煌、波澜壮阔的发展历程，其中最为宝贵的一条经验，就是密切联系群众，让我们党赢得了人民群众的热情支持和信任，也是我们在新形势下做好各项工作的有力法宝。

密切联系群众是我们党的最大政治优势，脱离群众是我们党执政后的最大危险。2014 年 10 月 8 日，习近平同志在党的群众路线教育实践活动总结大会上强调：“作风问题，核心是党和人民群众的关系问题，根本是始终保持党同人民群众的血肉联系”。始终保持同人民群众的血肉联系，是我们党永远立于不败之地的根本。新时期，我们要继续坚持群众路线，密切联系群众，真正把群众放在心上，全心全意为人民服务，最大限度地集中全社会的智慧和力量，最广泛地动员和组织人民群众投身中国特色社会主义伟大事业。

“心系群众鱼得水，背离群众树断根。”在古希腊神话中，有一个英雄安泰和他的母亲地神盖娅的故事。安泰战无不胜的秘密武器在于，每当与敌人决战遇到困难时，只要往他的母亲——大地身上一靠，便获得了新的无穷无尽的力量。因此，任何敌人也不能战胜他。后来，敌人获知了这一秘密，便想方设法使他脱离和大地母亲的联系。在一次战斗中，敌人的阴谋终于得逞，把安泰举到了空中，架空了他，在空中把他打败了。大家知道，我们党的根基在人民、血脉在人民、力量在人民。我们如果脱离了人民群众，失去人民群众的拥护和支持，最终也会走向失败。

植根大地，万木葱茏；扎根群众，众志成城。党员干部要知晓“水能载舟，亦能覆舟”的古训，在任何时候、任何情况下，与人民群众同呼吸、共命运的立场不能变，全心全意为人民服务的宗旨不能忘，密切联系群众的作风不能丢，始终牢记群众呼声是信号、群众要求是方向、群众满意是标准的工作要求，深怀爱民之心、恪守为民之责、善谋富民之策。

党员干部要坚持走群众路线，教育群众、发动群众、依靠群众、服务群众，回答解决好“为了谁、依靠谁、我是谁”的问题，真正做到与人民群众同呼吸、共命运、手拉手、心连心，使我们的事业获得最广泛最可靠最牢固的群众基础和力量源泉。

一、教育群众，引导人民群众凝聚科学发展共识

理论一经群众掌握，就会变成强大的物质力量。科学发展观是我们党创立的科学理论、最新理论，应该为群众所掌握。人民群众是科学发展的主体，只有广大人民群众都了解、掌握科学发展观，并投入到实践中去，科学发展观才能成为全社会的自觉行动。要通过多种途径和形式，使人民群众对科学发展观的认识获得新提高，切实增强贯彻落实科学发展观的自觉性和坚定性。同时，要引导人民群众进一步按照科学发展观的基本要求解放思想，开阔眼界、开阔思路、开阔胸襟，把思想认识从那些违背科学发展观要求的观念、做法和体制机制的束缚中解放出来，克服满足现状、因循守旧等思想，增强忧患意识、责任意识和机遇意识，真正使贯彻落实科学发展观成为广大人民群众的思想共识和实践行动。

二、发动群众，形成推动发展的强大合力

古语有，“积力之所举，则无不胜也；众智之所为，则无不成也。”党的根基在人民、血脉在人民、力量在人民。人民群众是历史的创造者，是社会实践的主体，也是推动经济社会发展的强大力量。习近平同志在《摆脱贫困》书里的《干部的基本功——密切联系人民群众》一文中指出：“在我们前进的道路上有许多困难和问题，究竟从哪里入手去解决问题，依靠什么去战胜困难？从不同的角度可以谈出不同的思路和方法来。但根本的一条，就是要发动群众，依靠群众。”从群众中来，到群众中去，从群众中汲取智慧，我们的工作才获得不竭动力。为此，我们应

带着深厚的感情去做好发动群众工作，深入实际、深入基层、深入群众，“认亲戚”、“结对子”。既要身到，与群众打成一片；更要心到，当群众的贴心人。毛泽东同志曾经说过：“拜人民为师，这就灵了。”基层是我们工作的源头活水，群众的经验最鲜活，基层的措施最有效。通过调研、走访、座谈等形式，让群众能够畅所欲言、献计献策，努力形成同心协力、共谋发展的工作局面。湖北省武汉市江岸区百步亭花园社区党委副书记王波说，“我一个人走100步，不如100个人走一步！”她认为，做好群众工作，首先就是要积极动员、广泛发动蕴藏在群众之中的各种力量搞好服务工作。如今百步亭有党小组长580多名，分布在每一栋楼，他们听取群众呼声，及时化解矛盾，收到了显著的工作成效。党员干部要有效凝聚群众、发动群众、组织群众，真正做到让群众“跟我来”，而不是让群众“给我上”，进而形成推动发展的强大动力。

三、依靠群众，破解制约科学发展的突出问题

大树扎根于沃土，高楼立足于基石。依靠群众，无往不胜；离开群众，寸步难行。我们要始终牢记人民群众是永远的亲人、永远的靠山、永远的老师，紧紧依靠群众，做到从群众中来，到群众中去，群策群力、集思广益。群众之中蕴藏着取之不尽、用之不竭的智慧“宝藏”。要视群众为亲人，问需于民，视群众为老师，问计于民。人民群众的好公仆、党员干部的好榜样焦裕禄，为改变兰考的面貌，总结了十条工作经验，第一条就是依靠群众。他常说：“在困难当中成就一番革命事业，必须首先联系群众、向群众学习。”为了找到治理“三害”的有效办法，他迈

开双脚“到群众中间去”，对全县当时149个生产大队中的120多个生产大队进行了走访和蹲点调研，与群众一起吃饭和劳动，虚心向群众请教，认真倾听群众意见建议，找到了治理“三害”的金钥匙。焦裕禄曾说：“当工作感到没办法的时候，你就到群众中去，问问群众，你就有办法了。”我们要满腔热忱、真心实意地向群众学习，把群众的经验加以提炼升华，形成推动科学发展的正确方针、政策和措施。倾听群众呼声，贵在态度真诚、开诚布公、推心置腹，要拿出甘当小学生的勇气和态度，虚怀若谷、真心实意。有道是“知屋漏者在宇下，知政失者在草野。”广大党员干部特别是领导干部要切实转变思想作风和工作作风，贴近群众，融入群众，谋划发展思路向群众问计，查找发展中的问题听群众意见，改进发展措施向群众求教，落实发展任务靠群众努力，衡量发展成效由群众评判，真正依靠广大人民群众的力量，将正确的决策转化成造福人民群众的实际行动，把群众关心的热点和难点问题作为工作的重点，针对不同时期群众反映最普遍、最强烈的问题，集中力量，埋头苦干，千方百计为人民群众办实事、办好事，让人民群众得到实实在在的利益。在群众面前，我们决不能不懂装懂、不会装会，以为自己比群众高明，对群众指手画脚。对于这种现象，毛泽东同志早就发出过警告：“没有满腔的热忱，没有眼睛向下的决心，没有求知的渴望，没有放下臭架子、甘当小学生的精神，是一定不能做，也一定做不好的。”党员干部要换位思考，经常问问自己，如果我是群众，对这件事情会怎么想、怎么做，把自己当成群众，当成群众的小学生，很多难题就会迎刃而解。

四、服务群众，多干让人民群众满意的好事实事

全心全意为人民服务，诚心诚意为人民谋幸福，是我们党的宗旨使命。“我们的人民热爱生活，期盼有更好的教育、更稳定的工作、更满意的收入、更可靠的社会保障、更高水平的医疗卫生服务、更舒适的居住条件、更优美的环境，期盼孩子们能成长得更好、工作得更好、生活得更好。”十八届一中全会后的中外记者见面会上，习近平同志用质朴的话语展现了新一届中央领导集体的民生情怀，作出的承诺掷地有声：“人民对美好生活的向往，就是我们的奋斗目标。”群众的眼睛是雪亮的。他们不看你口号喊得有多响，看的是实在的业绩；不管你蓝图绘得有多好，看的是实干的行动。坚持群众路线，党员干部应树立“群众工作无小事”意识，凡是涉及群众切身利益和实际困难的问题，再小也要竭尽全力去办。只有这样，才能得到群众的拥护和支持。办实事不违民意，做好事不超民力。我们要把人民“拥护不拥护”“赞成不赞成”“满意不满意”“答应不答应”作为衡量一切工作得失的最高标准，胸怀爱民之心，善谋富民之策，常办利民之事，恪尽为民之责，永做人民公仆。要始终保持同人民群众的血肉联系，去官气、沾土气、接地气、增和气、聚人气，增强与人民群众的深厚感情。要坚持实干为民、取信于民，要把精力用在鼓实劲、谋实招、干实事、求实效上，用在为人民群众谋利益上，不断提高人民的生活水平，着力解决好关系人民群众切身利益的重大问题，把党和国家的各项惠民政策落实到“最后一公里”、贯彻到“神经最末梢”，以实实在在的发展成效普惠于民，努力让人民群众生活得更富裕、更幸福、更有尊严。

弘扬务实作风：谋事要实，创业要实，做人要实

凡是到过湖南长沙岳麓书院的同志，都会看到书院里面一块著名的牌匾，上书“实事求是”，这句话原出自班固《汉书》里的四个大字，影响了毛泽东同志的一生，当年毛泽东在书院求学的时候，经常会驻足这里苦思冥想，深受启发，这四个字构成了毛泽东思想的核心，成为我们党的精髓。

务实，就是要坚持一切从实际出发，真抓实干，埋头苦干，按照客观规律和科学规律办事，讲真话，报真情，反对弄虚作假、虚报浮夸。就是要谋实招、说实话、见真章、办实事、求实效，真正把科学的发展观和正确的政绩观贯穿于工作中，落实在行动上，创造出经得起实践、群众和历史检验的政绩。

务实是一种科学态度、一种政治品格、一种精神境界，更是一种优良作风。大力弘扬务实的工作作风，是党之所求、国之所需、民之所盼。“要是我们只限于梦想，那么谁来使生活成为美丽的呢？”高尔基的诘问，道出一个朴素的真理：知行合一、求真务实、进取务本、真抓实干是成就美好蓝图、实现梦想的前提。不少人问吴仁宝：“你当了一辈子村官，最大的体会是什么？”他总是回答：“就四个字：实事求是。千难万难，实事求是

最难，遇到任何困难只要实事求是对待，就能大难变小难，小难变不难。”

“天下大事必作于细，古今事业皆成于实”。只有勤于实践，谋事干事，才能推动事业发展和社会进步。为此，党员干部要自觉践行习近平同志提出“三严三实”要求，做到谋事要实、创业要实、做人要实。谋事要实，就是要从实际出发谋划事业和工作，使点子、思路、政策符合实际情况、符合客观规律、不沉湎幻想、不好高骛远，不脱离实际；创业要实，就是要脚踏实地，铆足干劲，殚精竭虑，勇于直面矛盾，善于解决问题，干实事，降虚火，求实效；做人要实，就是要对党、对组织、对人民、对同志忠诚老实，不明哲保身、患得患失，做老实人、说老实话、办老实事，襟怀坦白，公道正派。

当前，一些党员干部热衷于搞形式主义，坐而论道、纸上谈兵，提一些不切实际的口号，做表面文章，在人民群众中产生很坏的影响。喊破嗓子不如甩开膀子、做出样子，党员干部要有啃骨头的劲头，有爬坡过坎的雄心，始终实心谋事、实干创业、实在做人，比学赶超，真抓实干，扎实推动各项工作展现新气象。

要有求真的精神。崇尚真理、追求真理，应成为党员干部的基本品格和根本态度。要不唯上，不唯书，只唯实。坚持一切从实际出发，尊重事实，尊重科学，敢于坚持真理，遇事不能随风倒。有这样一个故事，古希腊著名的思想家、哲学家、教育家苏格拉底，有一天在课堂上拿出一个苹果，站在讲台前说：“请大家闻一闻空气中的味道！”一位学生举手回答：“我闻到了，是苹果的香味！”苏格拉底走下讲台，举着苹果慢慢地从每一个学生的面前走过，并叮嘱道：“大家再仔细闻一闻，空气中有没有苹果的香味?”这时已有半数的学生举起来手。苏格拉底回到讲台上，又重复了刚才的问题。这一次，除了一名学生没有举手外，其他人全都举起了手。苏格拉底走到这名学生面前问：“难道你真的什么气味也没有闻到吗?”那个学生肯定地回答：“我真的什么也没有闻到!”这时，苏格拉底对大家宣布：“他是对的，因为这是一个假苹果。”这名学生就是后来大名鼎鼎的哲学家柏拉图。这个故事告诉我们，要有求真的精神，探求真理、了解真相、把握实情。同时，我们在追求事物本身的真理所在，寻找事物发展的客观规律的基础上，还要敢讲真话、实话，不说空话、大话。李瑞环同志的文集里有这样一个故事：20世纪90年代初，湖北神农架地区很多野猪横行，赶也赶不走。有人想了个办法，把狮子、老虎等猛兽的声音录下来，支起杆子，用大喇叭放出来。一开始，野猪还真害怕，吓跑了。但是过段时间之后，野猪又回来了，因为它们发现只有声音，没有危险。后来野猪把杆子都给拱倒了。村民们感慨，看来唱高调、说空话连野猪都骗不了。党员干部要仰望天空，脚踏实地，求实事求是的理，不人云亦云、随声附和；办实事求是的事，不弄虚作假、欺上瞒下。讲实事求是的话，不讲正确的废话、漂亮的假话、严谨的套话，有好说好，有坏说坏，讲切合实际的话、有真知灼见的话、能解决问题的话。

要有务实的态度。“务实”体现的是工作态度作风。态度问题是抓落实的首要问题。有句话叫作“态度决定一切”，大家一定都听说过。美国有个作家把这句话写成了一本书，这本书在美国“最畅销书排行榜”上稳坐了整整十年，而且“态度决定一切”逐步成为风靡全世界的口头禅，成为企业管理的座右铭，成为做人做事的指南针。党员干部要养成雷厉风行的良好习惯，提高效率抓落实，保持快捷高效的工作状态，做到“看不准不动手，看准了不松手，干不成不放手”，一环扣一环，一抓到底，坚决克服说而不做、决而不断、抓而不紧的不良风气。党员干部特别是领导干部带好头、动真格，严慎细实、真抓实干，不搞不切实际的高指标，不搞虚报浮夸的假政绩，不搞劳民伤财的达标活动，不搞沽名钓誉的形象工程，真正在务实上下功夫，出实招，干实事，求实效，切实解决“雷声大，雨点小”和“只听楼梯响，不见人下来”等问题，努力做到干的比说的更实在、做的比写的更漂亮，

要有落实的本领。“落实”彰显的是工作水平和能力。习近平同志曾引用过一副对联来形容不落实的危害，上联是“你开会我开会大家都开会”，下联是“你发文我发文大家都发文”。横批是“谁来落实”。干工作，我们不仅仅靠决策了事，还必须有很强的落实本领，就是要有能力、有本领去执行、去落实。落实的本领包括组织领导的本领、科学发展的本领、群众工作的本领，等等。这就需要我们掌握多方面知识，特别是在环境不断变化、知识不断更新的形势下，需要与时俱进、不断充电、增长本领。党员干部特别是领导干部要进一步提高把握和运用市场经济规律、自然规律、社会发展规律能力，推动经济社会又好又快发展。努力提高统筹兼顾、开拓创新、应对风险、维护稳定的能力，比学赶超，争创一流，将各项工作真正落到实处。抓落实，绝不能贪一时之利、图一时之名、求一时之功，必须立足长远，深谋远虑，统筹兼顾，既让今人满意，又让后人受惠，使每项工作都能经得起时间的检验、历史和群众的评判。

要有实干的作风。“空谈误国，实干兴邦。”说一千，道一万，两横一竖最关键。弘扬实干作风，就是习近平同志倡导的“钉钉子”精神，干任何事情时都不能浮在“表面”，而要钉到“里面”，保持力度，保持韧劲，做到入木三分、锲而不舍。党员干部心系群众、埋头苦干，人民群众就会赞许你、拥护你、追随你；党员干部不务实事、骄奢淫逸，人民群众就会痛恨你、反对你、疏远你。现在，群众对一些党员干部最反感的就是作风漂浮问题。一个人如果心存浮躁，就很难沉下心来踏踏实实地做点事情，就很难有大的作为。因此，我们落实工作必须拒浮，要在“具体”和“深入”上动脑筋、下功夫，经常深入基层、深入实际、深入群众，做老实人、说老实话、办老实事，不懈怠、不折腾、不反复，真正用“实干”擦亮好干部的名片。四川省北川羌族自治县副县长兰辉，多年来，他 1/3 时间在办公室，其余则在跑基层、上工地，一个月要跑 6000 公里路，被人们称为“车轮县长”。他常说：“少坐办公室多下乡，才能发现和解决问题。”“5·12”特大地震发生后，北川有 12 个山区乡镇近 10 万群众依靠唯一一条应急抢通的擂禹路出行。他上任第二天，就踏上擂禹路查看：冬季冰雪覆盖，路面铺满暗冰；夏季山洪肆虐，道路险象环生，有时过路车辆一堵就是一两天，往来群众苦不堪言。于是，他创造性地提出在最险的路段设立警务服务站和救援物资储备点，在冬夏两季，派出交警值守，他自己坚持每周都去巡查擂禹路。干一寸胜过说一尺。兰辉同志以深入基层、深入实际的务实作风赢得了人民群众的信任和拥护。群众评价一个党员干部的能力，往往不是看“唱功”，而是看“做功”。党员干部不能光“吹哨”，不“下场”，只当“裁判员”或“拉拉队”，不当“运动员”。不能唱的、说的都很好，就是不解决实际问题，不落在实际行动上，更不能混事败事。脱离了实干，工作就是纸上谈兵，最终必将落空。“道虽迩，不行不至；事虽小，不为不成。”我们要真正做到决策定一条是一条，条条算数；承诺说一个做一个，个个兑现；工作干一件成一件，件件落实。

实现中华民族伟大复兴的中国梦，是一项长期的艰巨的历史任务。我们必须兢兢业业，恪尽职守，夙夜在公，坚定信念、振奋精神，凝聚力量、攻坚克难，低调务实、少说多干，努力从形式主义的名利场中解放出来，从官僚主义的不良风气中解放出来，把心思全部用在谋发展上，把精力全部用在干实事上。真正把各项工作的目标、要求、责任具体化，形成实实在在的奋斗目标和路线图、时间表，把工作往实里抓、往深里推、往细里做，循序渐进、持之以恒，扎扎实实，一步一个脚印地为实现中国梦贡献力量。

拿起批评利器：勇于揭短亮丑，敢于动真碰硬

批评和自我批评作为我们党的重要法宝和优良作风，大家一定很熟悉，不陌生。但现实中仍有不少党员干部感到很困惑，有畏难、抵触情绪，以至于这个“利器”在一些地方变成“钝器”，甚至把这个防身治病的武器给丢了。

党员干部要开展经常性的批评和自我批评，善于自重、自省、自警、自律，使其成为一种习惯、一种常态。早在抗战胜利前夕，毛泽东同志就形象地说：“房子是应该经常打扫的，不打扫就会积满了灰尘；脸是应该经常洗的，不洗也就会灰尘满面。我们同志的思想，我们党的工作，也会沾染灰尘的，也应该打扫和洗涤。”如何打扫和洗涤我们思想和工作上的灰尘？批评与自我批评无疑是十分重要的手段。习近平同志也多次指出，批评与自我批评，全党同志要大胆用，经常使用这个武器，使之越用越灵、越用越有效。只有用好批评与自我批评这个武器，我们党才会有强大的战斗力、凝聚力和创造力。

以镜为鉴可以正衣冠，以人为鉴可以明得失。西方有个谚语：“批评如同你忠实的门警，你若把它踢开，你的一切就会被错误偷尽。”美国著名企业家和管理学大师卡耐基认为，批评是

调整人的行为的常用手段，也是管理者必须掌握的基本技能。可在一些党员干部那里，批评与自我批评走过场、流形式，“是非面前不开口，遇到矛盾绕开走”，“自我批评谈感想，相互批评提希望”，对问题触及不到、触及不深，其根本原因在于：“自我批评怕丢面子、批评上级怕穿小鞋、批评同级怕伤和气、批评下级怕丢选票。”于是就事不关己，高高挂起，这种态度是不可取的。莫让利器变钝器，无论什么时候，批评和自我批评这个优良传统决不能扔，坚持真理、修正错误的科学态度决不能忘，自我净化、自我完善、自我革新、自我提高的决心和勇气决不能丢。

党的群众路线教育实践活动，一个突出特点就是弘扬整风精神，深入开展批评与自我批评。我们要继续按照“照镜子、正衣冠、洗洗澡、治治病”的要求开展批评与自我批评。照镜子，就是要进行自我对照、自我批评，以“党章”“法律”“民意”为镜，对照自己的思想和言行，及时加以改进和纠正。正衣冠，就是要从现在做起，正一正对待群众的错误立场、蛮横态度和官僚作风等问题。洗洗澡，就是要深入分析问题产生的原因，清洗思想上、行为上、作风上的灰尘，保持党的干部的政治本色。治治病，就是要解决思想不纯、政治不纯、组织不纯、作风不纯等问题。每个党员干部都应敢于揭短亮丑、深挖根源，摆问题、找差距、明方向，既严于剖析自己，又勇于批评别人；既善于从别人的批评中得到警醒，又注意从批评别人中省察自己，不能让批评与自我批评这把利器变成钝器。

批评是送给别人的良药，自我批评是留给自己的疫苗。金无足赤，人无完人。缺点和不足，在任何人身上都存在。实践证明，越深入推进作风建设，越要触及脸面、触及思想、触及灵魂，越要深入开展批评与自我批评。有这样一个小故事：军训的时候，教官走到一个学员面前，厉声喝道："把衣服上没扣的扣子扣好！"学员紧张，结巴地问："报……报……报告，教……教……教官，马……马……马上吗？""对，马上！"学员小心翼翼地伸出双手，把教官口袋上的扣子扣上了。教官看到了学员衣服上的问题，却没有留意自身的问题。缺点，每个人都会有的，但很多时候，自己的缺点难以觉察，别人的毛病却看得很清楚。提醒别人，较为容易；警惕自己，则很困难。英国哲学家培根说："能够听到别人给自己讲实话，使自己少走或不走弯路，少犯错误或不犯大的错误，这实在是福气和造化。"在开展批评与自我批评中，党员干部就得讲真话、讲实话、讲心里话，敢于较真碰硬，敢于说不、敢于批评、敢于交锋，作风建设才会上层次、上台阶。

开展批评与自我批评，首先要从思想上消除顾虑，着力克服"怕"的思想、"绕"的现象、"空"的问题，端正认识和态度。批评是善意的帮助，也是负责任的警示。我们一定要清楚，开展批评与自我批评，就是帮助那些"为私欲所扰、为人情所困、为关系所累、为利益所惑"的同志，明辨是非曲直，改掉缺点错误，强身健体，祛病养心。开展批评和自我批评，是对党、对人民、对同志高度负责的表现，是党性、是觉悟、是态度。坚持原则，敢于批评错误的思想和言行，是党员干部必须具备的优良品质和负责态度。"良药苦口利于病，忠言逆耳利于行。"这句格言大家都知道，只有经常地开展批评和自我批评，虚心地接受批评才能不断地改造自我、提升自我、完善自我。实事求是地、友善地指出别人的缺点和错误是关心和帮助同志的善举，得到的将是同志的感激和理解。虚心地、自觉地接受别人的批评展示的是自己的宽广的胸怀和知错就改的勇气，得到的也将是自己的进步和同志的信任，所以真正的党员干部是不怕批评和自我批评的。我们要以抛开面子揭短亮丑的勇气、动真碰硬敢于交锋的精神、深挖根源触动灵魂的态度，认真开展批评和自我批评，“敢”字当头，坚决克服“不以为然”和“老好人”思想，要勇于揭露自身的缺点和错误，善于广泛听取意见，既要听得进顺耳话，也要听得进逆耳言，不能讳疾忌医，以致“小疾”拖成“大病”，甚至病入膏肓，不可救药。

开展批评与自我批评，要有谦虚诚恳的态度和敢于碰硬的勇气。批评人是一种责任、担当和勇气，自我批评是一种自觉、胸襟和坦荡。无论是批评还是自我批评，都要积极不消极，认真不敷衍，真诚不虚伪，掏真心，够真诚，有一说一，有二说二、不夸大事实、不缩小问题，不扭曲真相、不混淆是非，真正让人感受到批评和自我批评的真心实意。还要切实增强批评和自我批评的勇气、锐气，荡涤作风之弊、扫除行为之垢。刘云山同志曾指出，“批评和自我批评，是揭伤疤、戳痛处，没有一点勇气是办不到的。”周恩来在 1962 年的“七千人大会”上，面对“大跃进”带来的严重后果，不是将错误上推下卸，而是检讨自己犯的一个严重错误：提出了超过实际可能的关于跃进、大跃进、特大跃进的标准，即规定农业每年增产超过 10%，为跃进；超过 15%，为大跃进；超过 20%，是特大跃进。正是这种严于解剖自己的真诚和勇敢，赢得了人民的尊敬。有了错误，要勇于作诚恳的批评与自我批评，不能闻过则过，也不能蜻蜓点水、避重就轻，更不能对上级批评放“礼炮”，对同级批评放“哑炮”，对自己批评放“空炮”。朱镕基同志在作为上海市长候选人时，在选举之前同人大代表见面会上，真诚地讲了自己三条缺点：一是“我只有领导机关的工作经验，没有基层工作经验”；二是“我只有中央工作经验，没有地方工作经验”；三是“我性情很急躁，缺乏领导者的涵养，干工作急于求成，对下面干部要求过急、批评过严”。无论是批评自己，还是批评别人，都要有真诚态度和勇气，有意见建议直接提出来、当面提出来，不怕得罪人，不怕打击报复，坚决不兜圈子、不绕弯子，不袒护、不遮掩，不当骑墙派和墙头草，假批评、真讨好。

开展批评与自我批评必须虚心接受他人意见和建议，即知即改，立改立行。革命家徐特立曾说过，“只有接受批评才能排泄精神的一切渣滓，只有吸收他人的意见才能添加精神上新的滋养品。”心底无私天地宽。毛泽东曾经指出：“因为我们是为人民服务的，所以，我们如果有缺点，就不怕别人批评指出。不管是什么人，谁向我们指出都行。只要你说得对，我们就改正。”党员干部要以务实的态度、有效的措施，广泛地征求群众意见，并要认真对待群众意见，襟怀坦荡，乐于接受批评。记得举世瞩目的三峡工程截流成功时，有记者问工程负责人：“谁对三峡工程的贡献最大?”他答道：“那些对三峡工程提出意见的人贡献最大。”这话很有道理。持意见者从国力能否承受、移民如何安置、生态怎样保护等方面，提出了许多宝贵的建议，最终使整个工程建设趋于完善。党员干部要愿听取群众意见、会征求群众意见、能听进群众意见，不仅要充分听取本单位群众的意见，而且要广泛听取下级单位和服务对象的意见，特别是听取老同志的意见，听取普通群众的意见。每个党员干部都要放下架子，丢掉面子，不计个人得失，不计亲疏恩怨，以宽阔的胸襟、豁达的态度对待批评，不要怕忠言逆耳，或者与事实有出入，真正做到有则改之、无则加勉，海纳百川、从善如流。《孟子》里有这样一个故事：有个人，每天都要偷邻居家的一只鸡。有人劝告他说："这不是正派人的做法。"那个人说："那我就逐渐改吧，以后每个月偷一只鸡，等到明年，我就再也不偷了。"孟子说："既然知道这样做不对，就应该马上改正，为什么还要等到明年呢？"在日常工作和生活中，党员干部要坚持反躬自省、知错就改，做到知必改，改必快，不马虎敷衍，怕羞护短，讳疾忌医。更重要的是对照批评的意见，深刻剖析自己，是思想上、作风上的问题，要努力转变和改进。是能力上、素质上的问题，要锤炼提高。此外，还要注意从群众对其他党员干部的意见中得到启迪和警醒，吸取教训，提升自己。

开展批评与自我批评要讲究方法和艺术。李瑞环同志曾指出："批评必须注意方式，首先要出于善意，第二要掌握事实，第三要注意方法，要区别情况，具体对待。"我们在批评人时，要讲究方式方法，认真了解相关情况，掌握对方及自身思想、工作、学习、生活情况，科学分析，明确其存在问题实质，对准思想脉搏，合情合理、恰如其分、有的放矢地开展批评，不能道听途说、人云亦云。同时，党员干部不但要敢于、善于批评别人，同时还要注意虚心接受批评，勇于做自我批评。既及时指出问题，更积极解决问题。开展批评要知无不言、言无不尽，敢于揭短、敢于交锋，勇于提出问题、真诚帮助提高。自我批评要敢于亮丑，主动查找学习、工作、生活中的问题，自觉清洗思想和行为上的灰尘，及时改正错误、不断纠正缺点，努力完善自我。

甘于无私奉献：用“辛苦指数”提升百姓的“幸福指数”

无私奉献是人类最纯洁、最崇高的道德品质，更是共产党人共同的价值追求。为民而不利己，为公而不营私，已经成为我们党的形象和传统。无论过去，还是现在，一讲到奉献，一谈到牺牲，人们想到的，首先就是我们的党和广大党员干部。在新的历史时期，仍然需要继承这种优良作风，始终坚持把讲奉献作为党员干部思想和行动的最高准则，作为一种自觉自愿的行为。

无私奉献就是付出，讲奉献就得作出牺牲，因而就必须具有不为名、不为利，不求索取、不图回报，全心全意为人民服务的思想境界和道德情操。党员干部是人民群众中的先进分子，应该有吃苦在前、享受在后的情怀，有先忧后乐、先人后己的胸襟，有视名利淡如水、看事业重如山的境界，自觉地把为人民服务当作人生的最大追求，树立无私使人幸福、奉献使人快乐的幸福观，弘扬宝贵的利他精神，追求高尚的人生价值和崇高的美好情怀，在自觉付出、主动奉献中凝聚力量，营造“我为人人，人人为我”的良好氛围。

“人生在世，奉献二字。”弘扬无私奉献精神，党员干部要身体力行、率先垂范。每一个党员干部都应该默默无闻、任劳任怨，甘当无名英雄、幕后英雄，永远做“一个高尚的人，一个纯粹的人，一个有道德的人，一个脱离了低级趣味的人，一个有益于人民的人”。一位基层的党员干部说：“选择了入党，就选择了吃亏和奉献。”从党的领导干部到普通党员干部，千千万万党的优秀儿女，为了人民的利益，默默无闻，无私奉献，不断谱写着践行党的宗旨的动人篇章，为党旗增添了最绚丽的光彩。“泥腿书记”、“草鞋书记”云南省保山原地委书记杨善洲，忠于党的事业，全心全意为人民谋利益，清贫一辈子、奉献一辈子、坚守一辈子。他担任地县主要领导三十年如一日为人民服务，却没有为自己捞一点好处，没能为家里盖一间像样的房子，没有为妻子和孩子办理“农转非”……退休后，他又主动放弃进省城安享晚年的机会，义无反顾扎根大亮山，开荒种树，风餐露宿，披荆斩棘，艰苦创业，一干便是22个春秋，植树造林5.6万亩。保山市委、市政府为他颁发20万元特别贡献奖，他捐给了林场和学校，去世前，又将价值3亿元的林场无偿捐给了国家，他至死也只有几间聊以栖身的茅屋，真正说得上把自己的一切都奉献给了党和人民。杨善洲用自己一生的实际行动，生动展现了党的干部立党为公、执政为民的崇高风范和不求索取、奉献有为的精神境界。

一个人做一件好事、一次奉献不难，难的是一辈子做好事、做奉献。有这样一个“活雷锋”，共产党员、山西省阳城县地税局退休干部栗喜盛做了一辈子好事，奉献了一辈子爱心。他时时、处处、事事想着国家，想着他人。1966年邢台地震，当时他每月工资仅28元，却向灾区捐款40元、衣服两套、被子1条、全国粮票50斤。2008年5月12日，四川汶川发生8.0级大地震。虽然此时的栗喜盛因建房欠着3万多元的外债，但他两次借款2000元，寄给国务院转交给灾区人民。栗喜盛就是这样一个人，每当听到哪里发生灾难时，他都会慷慨相助。从2001年9月到2003年6月，栗喜盛被山西省广播电视学校聘用，他以校为家，爱生如子，把一个全校最差的班级，变成了一个全校最优秀的班级。2002年12月26日，山西省广播电视学校特别奖励栗喜盛2000元，他马上把这笔奖金用于学生看病。6月18日，栗喜盛离校时，2000多名师生依依不舍，夹道欢送。

树立无私奉献的崇高境界，就要敬业乐业、恪尽职守，多为群众办好事、办实事。敬业是奉献的前提，乐业是奉献的根本，勤业是奉献的基础。我们要大力倡导爱岗敬业、重信践诺、办事公道、服务群众、奉献社会的职业道德操守，在具体工作中、在平凡的岗位上做出不平凡的业绩。雷锋说得好："如果你是一滴水，你是否滋润了一寸土地？如果你是一线阳光，你是否照亮了一分黑暗？如果你是一粒粮食，你是否哺育了有用的生命？如果你是一颗最小的螺丝钉，你是否永远地坚守着你工作的岗位？"在北京儿童医院超声科，经常有患者排队要做"贾立群B超"，因为贾立群做的B超有时比CT还准。在疑难病患儿的检查单上，很多大夫也会特别注明让贾立群做B超。因为医术精湛，贾立群被国内同行誉为"B超神探"。他从医36年来，以精湛医术、高尚医德，夜以继日地超负荷工作，确诊了7万余例患儿疑难疾病，挽救了2000多位急危重症患儿的生命。贾立群的无私奉献还体现在他把患者当亲人，处处为患儿着想，把付出当常态。他向医生们承诺，只要他人在北京，24小时随叫随到，最多的一天夜里他被叫起来19次；因为做B超必须空腹，他不忍心让孩子挨饿，为此，贾立群经常利用午饭时间为患儿做检查；为了不让B超探头上的耦合剂冰着孩子，他每次都先用手焐热了，再给孩子抹上；为了婉拒患儿家长塞给的红包，他将自己的衣兜缝死，被家长们亲切地称为“缝兜大夫”。党员干部就应该像贾立群那样，脚踏实地，用心做事，追求卓越，在岗言岗、在岗爱岗、在岗为岗，时时刻刻从自身的岗位或工作实际出发，敬业付出，乐业奉献，把好事办好，把实事做实。我们要在各自平凡的工作岗位上、本职工作中施展理想抱负、奉献聪明才智、展示人生价值，不辜负组织和人民的信任和重托。

树立无私奉献的崇高境界，就要淡泊名利、苦干实干，甘当踏实肯干的老黄牛。无私奉献是一种自愿真诚的行为追求，是一种高尚纯洁的思想境界。无论时代和形势发生怎样的变化，无私奉献的精神将永远光彩夺目，永远是鼓舞和激励人们奋发向上、勇往直前的强大力量。党员干部要自觉跳出名、利、欲的诱惑，全身心投入事业和工作中，从而达到“心底无私天地宽”的境界。“他和群众在一起的时间比和家人在一起的时间要长”的四川省甘孜藏族自治州州委常委、宣传部长毕世祥，在广袤高原上，几乎行遍了全州18个县、325个乡镇，在15.3万平方公里的土地上留下了深深的足迹。他进村入户，把田间地头当课堂，以牧场草甸为书本，深入汲取群众智慧和力量。他说，要始终踩稳地平线，接地气才有灵气；不到基层去，“我的想法和判断就没有底气”。他进农家、到牧场，用不同方言藏语向农牧民群众宣讲政策，宣传“最好的虫草在课堂。”他实施群众文艺下乡3年覆盖全州乡村计划，让边远农牧民享受到优秀民族文化精神大餐。他主推“康巴作家群”，使其成为藏区文学艺术界的响亮品牌。他在牧民定居行动计划和“帐篷新生活”建设工作中，深入调研、科学规划，形成了“帐篷新生活”9大件方案，为全省提供了比较理想的设计蓝图。在纷繁复杂的各种危安案件处置中，他以“爱国守法感恩团结”群众教育活动为抓手，组建5000余名宣传辅导员队伍，创新“1＋N”宣讲方法，构建全民参与大宣教格局，树立了良好社会舆论导向，为稳控局势提供了支持。每一名党员干部都要以平和心态对待得失，以奉献精神回报社会，踏踏实实干事，勤勤恳恳创业，甘当为人民服务的老黄牛。要深学、细照、笃行焦裕禄“心中装着全体人民，唯独没有他自己”的奉献精神，不断追求进步，不断提升能力，不断开拓事业，在工作和事业的发展中追求自己的理想、实现自身的价值。要忠于党，忠于祖国，忠于人民，围绕中心，服务大局，把赤诚的心献给组织，把无限的爱献给百姓，全身心地投入到保增长、保民生、保稳定的各项政策措施、工作部署的落实中去，以发展的业绩丰碑赢得群众的口碑心碑，用党员干部的“辛苦指数”提升百姓的“幸福指数”。

树立无私奉献的精神境界，就要勇于担责、甘于付出，永葆勤奋进取的事业心。奉献是一种责任、一种付出，更是一种行动。“我是农民的儿子”、“我能奉献给你们的，只有热血和汗水。”这是年仅45岁的优秀共产党员、甘肃省临洮县长柴生芳同志生前常挂在嘴边的话。他出身于农家，求学在燕园，海外留学取得博士学位，却主动回到贫瘠的故乡，沉潜到最艰苦的基层，回报桑梓，奉献家乡，服务民众。他工作3年，跑遍了全县323个行政村，行车4万多公里；写下30本工作日记，共计170余万字。奉献一生、无怨无悔，是什么在支撑着柴生芳呢？就是党员干部肩上的责任。他超常付出、忘我工作、默默奉献的优秀品质和精神境界，永远值得我们去学习、传承和弘扬。荣膺 2014 年“全国十大最美职工”称号的中石化胜利油田东辛采油厂三矿 34 队高级技师吴吉林，几年前，被查出患上“非霍奇金氏淋巴瘤”，医生判定他只有不到半年的期限。面对生命的判决，他没有被病魔吓倒，勤业奉献的劲头没有减，患病后的 2000 多天，他已经在生命的考评表上画了 1600 多个对号。与之伴随的，是 78 项研发技术成果的相继诞生，其中，13 项国家实用新型专利，4 项国家发明专利，平均一个半月推出一项成果。更让人肃然起敬的是，这期间，他在全国 25 家医院先后做过 28 次手术，喝下去的中药汤有两吨重，药渣子能装一卡车……其实，奉献就是一种自我牺牲的壮举、自我价值实现的途径。当前，推进经济社会又好又快发展，我们党员干部会面临很多“牺牲”，需要作出更多的奉献。如，工作的任务加重，休息和娱乐的时间就相对少了；加班的时间多，属于自己的休息时间就相对少了；遇到的问题和困难多，花费的精力就大了；工作的压力大，身体有些吃不消了……我们的党员干部就是要时刻准备着作出这种“牺牲”，甘愿作出更多奉献。

保持艰苦奋斗：吃苦精神不能丢

“历览前贤国与家，成由勤俭败由奢”。千百年来，艰苦奋斗、勤劳节俭已成为中华民族代代相传的传统美德、人人尊崇的优良品格，是持家兴业的根本、治国安邦的保证。历史和现实都表明，一个没有艰苦奋斗、勤劳节俭精神作支撑的民族、国家和政党，是难以自立自强、发展进步、兴盛发达的。

以苦为乐、艰苦奋斗的伟大精神是我们党成长壮大、成就伟业的宝贵财富，也是党能够长期得到人民拥护和支持的重要原因。在我们党 90 多年的历程中，艰苦奋斗作为强大的精神力量，始终激励着我们党顽强向上、百折不挠，在各种困难和考验面前巍然屹立、走向胜利。延安时期，著名的华侨领袖陈嘉庚回国慰问抗日将士，蒋介石在重庆花八百大洋请他吃山珍海味；而到了延安，毛泽东则请他吃战士们自己种的蔬菜和房东大娘专为贵宾送来的一只母鸡。对比之下，陈嘉庚先生含着眼泪感慨地说：共产党一定会取得胜利。当年，美国作家埃德加·斯诺到延安采访，在这里，他看到一种别样的生活方式：毛泽东住在十分简陋的窑洞里，周恩来睡在土炕上，彭德怀穿着用缴获的降落伞做成的背心……从共产党人极其简朴的生活中，斯诺发现了一种伟大的力量，他称之为“东方魔力”、“兴国之光”。他们正是透过党的作风，看到了共产党人的崇高精神和巨大力量。

艰苦奋斗是一种艰苦朴素、勤俭节约的传统美德。古人说：“静以修身，俭以养德”。艰苦奋斗的精神在中华民族有着深厚的根基。北宋政治家和史学家司马光在写给他儿子司马康的一封家书《训俭示康》中，提出“由俭入奢易，由奢入俭难”的著名论断。“俭，德之共也；侈，恶之大也”，司马光秉承清白家风，不喜奢侈浪费，倡导俭朴为美，他写此家书的目的在于告诫儿子司马康生在官宦之家不可沾染纨绔之气，保持俭朴清廉的家庭传统。革命战争时期，老一辈革命家草履布衣、素食淡饭，勤俭节约、自力更生，体现了共产党人艰苦朴素的优秀品质。新的时代条件下，改革发展持续深化，保持艰苦奋斗、勤俭节约的优良作风，可以说，显得更为重要。中央历来强调，各级党政机关要大兴艰苦奋斗之风，带头厉行勤俭节约，反对铺张浪费。2013 年 11 月 25 日，《党政机关厉行节约反对浪费条例》公布施行，就是要以刚性的制度约束、严格的制度执行、有力的监督检查、严厉的惩戒机制，切实遏制公务支出和公款消费中的各种违纪违规违法行为，倡导勤俭节约的良好习惯。俭以养德、俭以励志、俭以为民，就能凝心聚力、攻坚克难，取得接力赛中我们这一棒的优异成绩。

艰苦奋斗是一种自强不息、奋发向上的精神力量。全国爱国主义教育基地江西上饶怀玉山的清贫园里的《清贫》碑文上，刻着方志敏手迹：“我从事革命斗争，已经十余年了。在这长期的奋斗中，我一向是过着朴素的生活，从没有奢侈过。”“清贫，洁白朴素的生活，正是我们革命者能够战胜许多困难的地方。”“为着阶级和民族的解放，为着党的事业的成功，我毫不稀罕那华丽的大厦，却宁愿居住在卑陋潮湿的茅棚；不稀罕舒适柔软的钢丝床，宁愿睡在猪栏狗窠似的住所！”《清贫》振聋发聩、荡气回肠、感人至深，成为我们宝贵的精神财富。

艰苦奋斗是一种不怕困难、敢于吃苦的斗争精神。艰苦奋斗，既是一种不怕苦、不叫苦、敢吃苦的生活方式、生活作风，更是一种以勤为荣、以苦为乐的工作作风和精神状态。曾国藩有一句话，“坚其志，苦其心，勤其力，事无大小，必有所成”。弘扬艰苦奋斗精神，就是要不惧千辛万苦，勇于战胜困难，始终保持乐观向上的精神和作风，成绩面前不自满，困难面前不退缩，戒骄戒躁、顽强进取，勇于开拓、善于创新，扎扎实实地做好各项工作。

艰苦奋斗是我们党保持同人民群众密切联系的重要法宝之一，也是一个党员干部必须具备的基本作风素质。“党在任何时候都要同群众同甘共苦；党员必须吃苦在前，享受在后。”这是《中国共产党章程》的明确要求。诚心诚意为人民谋利益，吃苦在前，享受在后，克己奉公，多作贡献，是新的历史条件下对党员干部的一项基本要求。既然选择了做党员、当干部，就意味着选择了吃苦、选择了奉献。习近平同志曾指出，我们不舒服一点、不自在一点，老百姓的舒适度就好一点、满意度就高一点。当干部就得要有吃苦在前、享受在后的思想准备，在为人民服务中实现人生价值。江苏省江阴市华西村的老书记吴仁宝当党支部书记48年，带领群众把曾经贫穷的土地建成人均存款超过百万元的“中国第一村”。虽然华西村村民富裕了，但吴仁宝依然坚持艰苦奋斗，在生活上仍然艰苦朴素。村民们住的是别墅，老书记住的却是20世纪70年代盖的两间旧房；村民们赚的钱越来越多，老书记依然每月只拿固定工资。吴仁宝不是没有条件享受，几年来村里给他的各类提成和奖金就达4000多万元，可是他却分文不剩地留给村里为群众办实事。吴仁宝始终艰苦奋斗，展示出奋发向上的顽强意志和不屈精神，在实际工作和生活中让群众看到了党的光辉形象，感觉到党的先进性，从而坚定跟党走的信心和决心，这也是新时期弘扬艰苦奋斗精神的时代价值所在。我们党正是靠艰苦奋斗不断发展壮大起来的，要实现全面建成小康社会的奋斗目标，实现伟大复兴的中国梦，还有很长的路要走，会遇到很多困难和挑战，我们必须始终保持谦虚谨慎、艰苦奋斗的作风和精神，旗帜鲜明地反对享乐主义和奢靡之风，坚决制止讲排场、比阔气、贪图享受、不思进取的行为，真正做到与人民群众同甘共苦、荣辱与共，奋发有为地不断开创工作新局面。

“艰难困苦，玉汝于成”“居安思危，戒奢以俭”“逸豫可以亡身，忧劳可以兴国”。党员干部知晓艰苦，才懂得奋斗；耐得艰苦，才能够努力拼搏。党的十八大以来，从中央提出八项规定到在全党深入开展党的群众路线教育实践活动，狠刹“四风”、艰苦奋斗、实干苦干的新风扑面而来，让人倍感亲切和鼓舞。当前，物质条件越好，发展成绩越大，我们越要保持艰苦奋斗的工作作风，越是要发扬特别能吃苦的精神，做到吃苦耐劳，吃苦奉献，去奢返简，勤劳节俭，朴素实干。

2014年9月30日，习近平同志在庆祝中华人民共和国成立65周年招待会上强调：“无论什么时候我们都不能骄傲自满，党不能骄傲自满，国家不能骄傲自满，领导层不能骄傲自满，人民不能骄傲自满，而是要增强忧患意识、慎终追远，始终保持艰苦奋斗的作风。”在21世纪中华民族发展的新的历史征程中，必须继续发扬我们党艰苦奋斗的优良传统和作风，这样，才能更好地凝聚党心民心、激励全党同志和全体人民为实现国家富强、民族振兴共同奋斗。

现实工作和生活中，有些党员干部总喜欢和别人攀比，“你看人家开豪车、住别墅，我比他们差远了”，“现在谁讲艰苦奋斗谁吃亏”。这种盲目的攀比之风日益严重。一些落马贪官就总是跟别人攀、同他人比，忘了自己是党的干部，骄奢淫逸，好逸恶劳，自我放纵，其结果是声名狼藉、身败名裂。因此，大兴艰苦奋斗之风就必须从我做起，从现在做起，从点滴做起，做到横不攀、竖不比，脚踏实地，艰苦奋斗。

有的党员干部认为过去条件不好，需要艰苦奋斗，现在条件好了，经济发展了，还搞什么艰苦奋斗、艰苦创业？有的党员干部把艰苦奋斗理解为吃得差、穿得烂、过苦日子、过穷日子，只有这样，才算是艰苦奋斗；现在我们的生活富裕了，再讲艰苦奋斗已经过时了。可以说，这些都是对艰苦奋斗精神的严重误解。邓小平曾说过，“在艰难困苦的时候需要艰苦奋斗，在物质条件优越的时候也需要艰苦奋斗”。今天，虽然经济发展了，工作和生活条件改善了，但我们仍然要靠艰苦奋斗发展我们的事业。因为，艰苦奋斗精神在不同的历史时期，有着不同的具体内涵和和要求。当前，党员干部弘扬艰苦奋斗精神，主要有以下两方面重要意义：一是艰苦奋斗能使党员干部珍惜我们劳动创造的物质财富。现在，我国经济总量扩大了，物质条件比过去改善了，但我国的基本国情仍然是人口多、底子薄、发展不平衡，经济总量虽大，但除以13亿多人口，人均国内生产总值还排在世界第九十位左右，按照联合国标准，我国还有 1.28 亿人生活在贫困线以下。我们也只是刚刚解决温饱、进入小康，决不能贪图享受、未富先奢。二是艰苦奋斗能锻炼党员干部为达到目的而不畏艰难、锐意进取、坚忍不拔、百折不挠、顽强拼搏的意志和品格。保持艰苦奋斗的精神状态，能使我们不沉醉于物质享受，不腐化堕落，而是能迎难而上、乐观向上，创造更加美好的未来。因此，艰苦奋斗是我们永远需要的，艰苦奋斗的传家宝一刻也不能丢，必须有长期艰苦奋斗的思想准备和精神状态。

提倡艰苦奋斗，反对享乐主义，反对奢靡之风，就是要求我们的党员干部要有正确的世界观、人生观和价值观，养成良好的生活作风和道德修养。正如毛泽东同志所指出的："坚定正确的政治方向，是与艰苦奋斗的工作作风不能脱离的，没有坚定正确的政治方向，就不能激发艰苦奋斗的工作作风；没有艰苦奋斗的工作作风，也就不能执行坚定正确的政治方向。"甘祖昌将军是我们发扬艰苦奋斗精神的典型和榜样。2013 年 9 月 26 日，习近平同志在会见第四届全国道德模范甘祖昌将军的夫人龚全珍时说："甘祖昌是我们共和国的开国将军，江西籍的老红军。新中国成立后，他当了将军，但是他坚持回家当农民。""我们要弘扬这种艰苦奋斗精神，不仅我们这代人要传承，我们的下一代也要弘扬，要一代一代传承下去。"在革命战争年代，面对艰苦卓绝的生存环境，他坚持白手起家、艰苦创业，临危受命办起枪械修理所、子弹厂、兵工厂、纺织厂，解除了广大军民作战、生活的燃眉之急。和平建设时期，他当了将军，身居高位，仍然保持着艰苦奋斗的政治本色。他多次说："共产党人不能享清福，要艰苦奋斗一辈子。"每一名党员干部就要像甘祖昌那样，艰苦奋斗不能丢，永葆本色不变色。

党员干部要坚决抵制享乐主义，反对思想空虚、精神萎靡、贪图安逸等错误倾向，克服及时行乐思想。在物质上能放得下，精神上才能拿得起。我们要安于平常、甘于平凡、不惧平淡，自觉做到克己奉公，勤政廉政。

党员干部要坚决反对奢靡之风，坚守节约光荣、浪费可耻的思想观念，狠刹挥霍享乐和骄奢淫逸的不良风气，反对讲排场、比阔气、铺张浪费等不良风气，乐于清贫，做到艰苦朴素、精打细算，厉行勤俭节约，制止奢侈浪费，坚持勤俭办一切事业。

党员干部要坚定自力更生、奋发图强的信念，坚持攻坚克难、百折不挠的精神，弘扬勇攀高峰、赶超一流的作风，与群众同呼吸共命运，矢志奋斗拼搏，以良好形象树立新风正气，为实现“中国梦”积蓄正能量。

第四篇 修炼思想道德素质，做敢于担当的党员干部

国无德不兴，人无德不立。思想道德素质是党员干部素质的灵魂。习近平同志指出：“一个人只有明大德、守公德、严私德，其才方能用得其所。”如果没有过硬的思想道德素质，其他方面的素质再强，也没有任何价值和意义。

精神的力量是无穷的，道德的力量也是无穷的。党员干部要自觉修炼道德品质，培养高尚道德情操，提升个人思想境界，讲党性、重品行、作表率，模范践行和弘扬社会主义核心价值观，敢于担当，勇于担当，善于担当，做社会主义道德的示范者、诚信风尚的引领者、公平正义的维护者，以德行政、以德正身、以德服众，努力以道德的力量去赢得人心、赢得事业成就。

崇德向善：弘扬真善美，传递正能量

《左传》有云："德，国家之基也"。道德是维系一个国家、一个民族、一个社会良性有序运行的基础。我国是一个文明古国，素来就有礼仪之邦的美誉，道德的血液在我们这个泱泱大国流淌了数千年，崇德向善已经成为中华民族的优良传统和生生不息的强大动力。

道德问题是做人的首要的基本问题。古人说："百行以德为首"，讲的就是这个道理。"德高望重""德才兼备""德艺双馨"，都是对人的最高评价，也充分表明道德的力量是强大的、持久的，不会随时代的变迁而削弱，不会因环境的变化而褪色。2013年12月30日，习近平同志在中共中央政治局第十二次集体学习时强调，"引导人们向往和追求讲道德、尊道德、守道德的生活，让13亿人的每一分子都成为传播中华美德、中华文化的主体"。大量事实表明，道德情操与生活情趣是密切联系在一起的。一些党员干部走上违法犯罪的道路，往往是从思想蜕化、道德变质开始的。为此，党员干部要自觉学习践行社会主义核心价值观，以良好的官德影响民德。带头弘扬新风正气、抵制歪风邪气，带头培养高尚的道德情操和健康的生活情趣，带头参与精神文明创建和志愿服务等各种活动，用自己的模范行为和崇高人格感召群众，动员群众从身边小事做起、从现在做起，把向上的力量凝聚起来、把向善的能量放大开来，提升整个社会的道德水平和精神气质。

今天，在道德领域也出现了这样或那样的问题：一些见利忘义、诚信缺失的企业制假贩假、谋财害命，丧失道德底线；一些见危不扶、见死不救的事件频频曝光，让人备感世态炎凉；一些社会成员人生观、价值观扭曲，混淆是非、善恶、美丑界限，以权谋私、造假欺骗、损人利己的道德失范、现象和失德事件时有发生，损害公众利益，败坏社会道德风气，影响十分恶劣。

从总体上看，目前党员干部整体道德现状是好的，但也存在许多不容忽视的问题：有些党员干部放松思想道德修养，道德认知肤浅，道德情感扭曲，道德信念缺失，道德意志脆弱，道德操行低俗。一个党员干部道德素质的高低、道德品质的好坏，不仅涉及党员干部自身的命运，而更重要的是直接影响着党和政府在人民群众心目中的威望和形象，影响着社会的风气和和谐稳定。古语云："德不厚者不可以使民"，讲的就是这个道理。历史和事实都已证明，凡是道德品质高尚，爱国、爱民、公正廉明的党员干部，都会受到广大人民群众的爱戴和拥护。相反，凡是思想道德败坏、个人品质低劣的党员干部，精神颓废，私欲膨胀，不思进取，为非作歹，危害社会，迟早都会摔跟头，甚至滑向违法犯罪的深渊。

党员干部的德才状况直接关系着党和人民事业的兴衰成败。德才兼备德为先。在党员干部的德才素质中，"德"是"才"的统帅和灵魂，决定着"才"发挥作用的目标和方向。在新的历史条件下，只有不断加强党员干部道德建设，大力提高党员干部的道德素质，才能使之经受住各种风浪考验，团结带领广大人民群众顺利实现中国梦的宏伟目标。

“有才无德是危险品，德才兼备是正品。”大家都知道，讲党性、重品行、做表率，是对党员干部的基本要求。其中，品行，即人的道德情操、道德修养，是通过言行举止表现出来的理念、思想、认识和品质等，是每个人内在素养、人格魅力、道德水准的外在表现。党的十七大第一次把个人品德建设写入党的报告，足见品行修养的极端重要性。品行端，则作风正。党员干部要始终保持明礼知耻、崇德向善的道德情操，锻造知荣明辱、扬荣抑辱的优良品质，传播道德正能量，引领社会新风尚。

一个党员干部的优秀道德品质、高尚道德境界不是天生的，而是其在后天的生活、工作和社会实践中，不断进行道德修炼而形成的。新时期“雷锋传人”、道德模范鞍钢矿业公司齐大山铁矿采场公路管理员郭明义，入党 30 多年来，时时处处发挥先锋模范作用，在每个工作岗位上都取得了突出的业绩。不管时代风云如何变幻，不管价值追求怎样多元，郭明义始终以雷锋为榜样，把扶贫济困、播撒爱心作为自己的天职，常年坚持捐赠、献血、无偿加班、义务劳动，从 1996 年开始担任采场公路管理员以来，他每天都提前 2 个多小时上班，累计献工 15000 多小时，相当于多干了五年的工作量。无偿献血 6 万多毫升，至少能够挽救 75 名危重患者的生命；捐出工资总额的一半给希望工程，资助了 180 多名特困少年儿童。他说：“让爱自然地流淌，每做一件好事，我都有一股幸福感涌上心头，我只是想尽到作为一名公民应有的责任和义务。”中央电视台《感动中国》给予郭明义这样的颁奖词："他总看别人，还需要什么，他总问自己，还能多做些什么。他舍出的每一枚硬币，每一滴血都滚烫火热。他越平凡，越发不凡，越简单，越彰显简单的伟大。"每一名党员干部都要学习和弘扬郭明义"追求纯粹"的道德情操、"善小而为"的道德品格、"甘当矿石"的道德境界。

道不可坐论，德不能空谈。加强道德修养是贯穿整个人生的自我完善、不断提高的过程，党员干部一定要把正确的道德认知、自觉的道德养成、积极的道德实践紧密结合起来，提高道德认识，陶冶道德情感，锻炼道德意志，养成道德习惯，提升道德修养，弘扬传统美德。

*加强学习，学以养德。*一位哲学家说过，在这个世界上有两样东西值得仰望终生：一是我们头顶上的灿烂星空，一是人们心中的道德律令。学以养德是中华民族传统文化的宝贵精华，也是提高党员干部能力素质的基本途径。学习不仅可以增长知识，提高思想理论水平，而且可以充实精神世界，修养道德情操。党员干部要善于学习，乐于学习，养成良好的学习习惯，必须牢固树立马克思主义的世界观、人生观和价值观，始终在思想上保持先进性。党员干部还要向优秀领导干部和最美人物学习，涵养心灵，守望道德。无论是以任长霞、沈浩、杨善洲为代表的优秀领导干部，还是以"当代雷锋"郭明义、"最美妈妈"吴菊萍、"最美司机"吴斌、"最美教师"张丽莉等为代表的"平民英雄"，这些时代楷模、先进典型以崇德尚义、感人至深的善行之举，以无私无畏、勇于奉献的责任担当，向我们诠释着道德良知，彰显着人间大爱，展示着向上向善的文明力量。他们身上所展现出的高尚美好的社会公德、职业道德、家庭美德、个人品德和爱国、敬

业、诚信、友善等基本道德规范，值得每一名党员干部去学习。我们就是要以这些先贤典型、最美人物和身边好人为参照系，主动、自觉、认真地“照镜子”，检身正己修德，见贤思齐立德，以“一日三省吾身”的精神，反思自身存在的差距和不足，增强道德判断力和道德荣誉感，进一步涵养高尚的道德操守，凝魂聚气，提振社会精气神。

自觉实践，行以立德。有句话说得好，“最小的善行胜过最大的善念”。道德修养具有很强的实践性，要在平时自觉培养，关键时候经受考验。人品官德修养最重要的是行动，要言行一致、表里如一。做官先做人，为政先修德。我们要从自己做起、从身边小事做起、从举手之劳做起，积小成大，积善成德，自觉做传统美德的传承者、道德规范的实践者。习近平同志曾指出，“增强道德责任感，常修为政之德，积小德养大德，努力成为思想纯洁、品行端正的示范者，爱岗敬业、敢于负责的力行者，明礼诚信、遵纪守法的先行者，生活正派、情趣健康的引领者。”在工作和生活中，党员干部应带头发扬光大忠诚爱国、进取自强，心胸开阔、高洁坦荡，艰苦奋斗、勤劳节俭，诚实守信、敬老爱幼，先人后己、助人为乐，办事公道、爱岗敬业等中华民族千百年来形成并流传下来的优良品德。积极培养崇高的精神境界和道德情操，砥砺品格，磨炼意志，自觉增强抵制各种庸俗、低级趣味、愚昧和迷信的能力，保持高尚的精神追求，真正在弘扬先进思想道德上作表率、见行动，影响和带动群众践行优良思想道德情操，培育知荣辱、讲正气、作奉献、促和谐的良好风尚，让真善美的种子在人们心中生根发芽、在人与人之间广泛播撒。

遵纪守法，律以护德。法律是成文的道德，道德是内心的法律。各种法律制度也是道德的底线，党员干部修炼人品官德的底线就是要遵纪守法、弘扬正气。遵纪守法要坚持自律与他律相结合。一方面要自律。自律是加强党员干部自身思想品德修养的重要方式，其核心就是对自己的严格要求。我们要能够自觉地、理性地管住、管好自己内心的欲望和日常的行为。另一方面要他律。主要是加强组织管理监督、群众监督和舆论监督。监督是一道“防火墙”，可以约束党员干部少犯错误或不犯错误。每个党员干部要敢于直面“聚光灯”和“放大镜”，养成在各种监督下工作和生活的习惯，经得起“多看”，耐得住“细瞧”，主动自律、经常自律、严格自律、有效自律，自觉做到严以修身、严以用权，严于律己。一要严以修身。切实加强党性修养，坚定理想信念，提升道德境界，追求高尚情操，自觉远离低级趣味，自觉抵制歪风邪气。二要严以用权。就是要坚持用权为民，认识到权力就是责任、干部就是公仆、领导就是服务，按规则、按制度行使手中权力，任何时候都不能搞特权、不以权谋私。三要严于律己。就是要严格要求自己，常怀敬畏之心，敬畏组织、敬畏纪律、敬畏群众。时时刻刻、事事处处把握好自己，慎独慎微、勤于自省，将他律变为自律，变外在的规则转化为内在的价值，遵守党纪国法，做到为政清廉、为民务实。

公道正直：处事公道，为人正直

公道正直是中华民族几千年来孜孜追求的传统美德，也是做人立身、做官立德的基本要求。孟子说："富贵不能淫，贫贱不能移，威武不能屈，是谓大丈夫也。"范仲淹提出"先天下之忧而忧，后天下之乐而乐"。文天祥有《正气歌》，孙中山倡导"天下为公"。毛泽东同志主张要"毫不利己，专门利人"……这些都是公道正直的具体表现。

国正立威，党正立信，人正立诚。对党员干部而言，公道正直既是立身之本，为人之德，处事之基，也是检验党员干部成色的"试金石"。真金不怕火炼，公道自在人心。工作中和生活中，每一名党员干部都应该经常用"试金石"来验一验，自己距离公道正直的要求有多远？

公道正直的人，以正气自励、立身和行事。据《论语·颜渊》篇中记载：季康子问政于孔子，孔子回答说："政者，正也。子帅以正，孰敢不正？"这里的"政者"指的是为政者，也就是执掌权力的人。"正"指公正、正直、正派，富有正气。党员干部只有自身公正，树立公道正直的形象，才能有说服力和感召力，才能赢得人民群众的信赖和尊重，才能做到上行下效，令行禁止。党员干部要善养浩然之气，做到心如规矩，志如尺衡，平静如水，正直如绳。唯其如此，方能站得住脚跟，立得住威信。但公道正直不能只讲在嘴上，写在纸上，挂在墙上，而是要真真正正地落到具体行动上。我们要从心底里做起，从自我做起，从现在做起，从具体事情做起，做到心正、言正、行正、身正，将公平正义的要求落实到自身日常工作和生活之中去。

一、不为歪风邪气所困扰，凛然正气、坚持原则

党员干部要做到不瞒上，不欺下，不枉法，不贪赃，说公道话，办公道事，作风正派，坦诚直率，清清爽爽。同时，敢于在原则问题上“横牛头”、“钻牛角”，一身正气，坚持“对己清正，对人公正，对内严格，对外平等”，坚持公道正直的做人原则，不为金钱、名利、淫威、权势所困扰，淡泊名利，堂堂正正地做事，清清白白地做人，做到两袖清风，一身正气，公道正派。

“君子坦荡荡，小人长戚戚。”党员干部无论对待工作还是生活，都要胸怀坦荡，正大光明。2003 年 3 月 24 日，四川省巴中市南江县发生一件震动全县的大事，一名在扫黄中被拘留询查的年轻女子在县公安局某派出所留置室上吊自杀。案子经有关部门迅速了结。一个月后，一封举报信转到县纪委，举报派出所某民警在办案中玩忽职守致人死亡却逍遥法外。任县纪委书记刚满一年的王瑛毫不犹豫说，“马上调查”。事情很快现出端倪，这竟是一起涉及多个部门、背景复杂且连带县公安局个别领导有制造伪证、隐瞒真相嫌疑的重大案件。纪委内部有人建议，应付一下算了。王瑛出语否定：“有后台有背景的更要查！既然老百姓有反映，我们就要查个水落石出。”一时间，县纪委八面临风，指责、

谩骂乃至威胁接踵而来。王瑛毫无畏惧：“邪不压正。我们是正义的，不怕！”那些日子，王瑛和她的战友们一道，如同百米冲刺，日夜奋战，曾连续5天5夜没有睡觉，吃住在办公室，与主要涉案人员反复谈话，掌握了大量第一手材料。她的压力是人们难以想象的。真相终于浮出水面：案发当天，拘查年轻女子的一名民警因接受他人吃请，违反规定将被拘人一人留在留置室，导致这名女子上吊自杀。案发后，县公安局个别领导为不影响争创全国优秀公安局，隐瞒了当事民警擅离职守的事实，指示下属做了出警的假证。最终，10多名涉案人员全部受到法律的制裁和党纪政纪处分。几年来，王瑛直接牵头办理疑难案件、典型案件50多起，为国家挽回经济损失近1000万元。王瑛的公道和正直赢得了人民群众的拥护和爱戴，很多普通群众提起她的名字泪流满面，一些和她相识不久的群众至今仍觉得她的离去就像“失去了一位自己的亲人”。

二、不为人情关系所左右，秉公用权、公平处事

古语云：“其身正，不令则行；其身不正，虽令不从。”不阳奉阴违，平等待人，忠于职守，公正待事，做人才有底气，做事才会硬气。识时务清廉政务，通人情不徇私情。党员干部要去除私心杂念，正确行使手中的权力，不亲近疏远，不嫌贫爱富，不厚此薄彼，坚持原则，秉公办事。

“大贤秉高鉴，公烛无私光。”每一名党员干部应始终保持一份清醒、一份理智，正确行使党和人民赋予的权力。全国“三八红旗手”、人民满意的好法官北京市海淀区人民法院知识产权庭庭长宋鱼水，把当一名品格高尚、公平正直的法官，作为自己的

人生追求。可是，法官也是人，也有亲情关系网。宋鱼水也不例外。她有感情，但她决不办人情案。一年冬天，山东老家突然来人。小时候家境不富裕，上学的钱都是亲戚们帮着凑的。望着老乡，宋鱼水喜出望外。可是，老乡无事不登门。乡里企业委托海淀一家广告公司播广告，不仅没有按约定时间播，连次数也打了折扣。老家人说话直率，“妹妹，你不能不帮这个忙。”这可让身为海淀法院经济庭副庭长的宋鱼水犯难了，老乡情面难却，可自己是位法官，不能被亲情所左右，看到她的沉默，亲戚委屈地走了。后来，家乡的企业输了官司，因为许多口头约定并没有落在纸上。对老家人如此，对待老师和同学宋鱼水也一样不徇私情。她的母校在海淀区法院管辖之内，老同学、老朋友不少。这些年来，在她审过的案件中，不少当事人是她的老师、同学。托人情、找关系的事她也多次遇到过。面对这些，她总是轻轻的一句话“相信法院，相信法官”。每当遇到人情与法的冲突时，她唯一能帮忙的，就是鼓励他们收集最有力的证据，书写最有说服力的代理词，争取最有利的判决。办案 10 余年，宋鱼水没有一件裁判不公，也没有一件被投诉或举报。她没有收过当事人一件礼品，更没有办过一件人情案。

三、不为各种诱惑所动摇，明辨是非、克己慎行

车尔尼雪夫斯基曾说过，“抗拒诱惑吧，那样你才有更多的机会，做出崇高的事情来。”党员干部特别是领导干部要想让自己的人生不遭遇危险的陷阱，最好的办法就是远离诱惑，做到不为私心所扰，不为名利所累，不为物欲所惑。有这样一则故事：一个山里人为捕获老鼠，做了个铁夹子，放上香喷喷的诱饵。开

始，小老鼠有所警惕。后来，终究顶不住诱惑，吃了诱饵，被夹住了。大老鼠来了，小老鼠向其大声呼救，大老鼠说："你已落入陷阱，我没法救你了！"小老鼠哀叹，后悔莫及，大老鼠教训它："你知道后悔，早就该远离诱惑了"。现实工作和生活中，人总是要面对许许多多、形形色色的诱惑，诱惑会蒙蔽人的眼睛，会阻止人前进的步伐，甚至成为人生的陷阱。

党员干部是常人，且比常人面临诱惑更多，关键是怎样去对待。面对各种诱惑，我们就得要站得直、坐得正、行得端、不变色，要有"老牛自知夕阳短，不用扬鞭自奋蹄"的老老实实、"零落成泥碾作尘，只有香如故"的刚直不阿、"千击万磨还坚劲，任尔东西南北风"的义无反顾，做思想干净、手脚干净、身子干净、干事干净的干部。一是要正确对待权力的诱惑。党员干部要有一种如临深渊、如履薄冰的危机感，不忘党和人民的培养，常怀感恩之心，不要把权力当作一种"风光"、一种"享受"，正确对待和行使好手中的权力，做到心有所畏、行有所止。党员干部无论担任何种职务，都把为人民做事、做好事放在第一位，做到在其位谋其政、负其责、惠其民。二是要正确对待金钱的诱惑。在对待金钱的诱惑上，党员干部要取之有道、求之有度、用之有节，对非法收入、不义之财，切莫伸手。三是要正确对待物质的诱惑。坚决抵制享乐主义和奢靡之风，不追求感官刺激，讲排场、比阔气、挥霍浪费，耐得住清贫和寂寞。四要正确对待美色的诱惑。"苍蝇不叮无缝的蛋"，一些党员干部之所以禁不住美色的诱惑，就在于对自己要求不严。党员干部要自觉抵挡美色的诱惑，不为声色犬马、灯红酒绿的生活所动，过好享乐关、金钱关和美色关，做到自尊自重，洁身自好。

诚实守信：以诚取信，以信树威

诚信是人类生活最普遍、最基本的道德规范之一。人无诚信，则难以立身；社会无诚信，则人人自危。“君子养心，莫善于诚”。对国家而言，诚信是非常重要的软实力。对于个人而言，诚信是千金不易的高尚品德，对诚信的执着与坚守，已深深融入中国人的精神血脉，成为中华民族传统美德的精神元素。

通俗地说，诚信就是说话算数，说到做到，说好做好，不虚伪，不做作。不能办到办好的事不轻易承诺，承诺了的事一定竭力办到办好。这里有一个“季札挂剑”的故事。据史书记载，季札是春秋时期吴国有名的公子，公元前544年间，他奉命出使各诸侯国，途中拜访了徐国国君。徐君非常喜欢季札的宝剑，但嘴上没说，季札看出了徐君的心意，只是因为出使的任务尚未完成，所以没有马上将剑送给他。数月后，季札出使归来，再次经过徐国时，徐君却已经去世了。季札因心许过徐君，就将自己的宝剑挂在徐君墓上而离去了。随从不解地问：“徐国国君已经去世了，你把剑送给他，他也看不到，你这么做有什么用呢？”季札说：“在离开徐国之前，我已经在心里许下诺言，要将这把剑送给徐君。从那时起，这把剑已经不属于我了。”心中的许诺，外人并不知晓，但季札仍然信守、兑现着自己内心的诺言，不失信于人。“季札挂剑”这个讲诚信、守承诺的典故告诉我们：讲诚信，必须襟怀坦荡，坦诚做人，诚信正直，为人处世真心实意表里如一。

有人说，当今世界最缺的是人才。也有人说，比人才更缺的是信任。的确，缺啥别缺德，失啥别失信。诚实守信是一个社会维持正常秩序和有效运行的必然要求，也是一个人在社会交往与日常生活中最基本的行为准则。宁吃万般苦，不做失信人。全国诚实守信模范、辽宁省本溪市本溪满族自治县南甸镇滴塔村村民武秀君为夫还债数百万的事迹感动了许多人。武秀君的丈夫赵勇因车祸去世，留下个人名义的外债 270 多万元、债权 300 多万元。武秀君在承受巨大的家庭痛苦的同时，仍然没有忘记诚信，顶着家庭和债务双重压力，走上了代夫还债之路。武秀君一一打电话告诉债权人自己的电话号码，并将丈夫的欠款签字改成她自己的名字。账目不清，她打电话重新核对；没有找她要账的人，她主动打电话承诺一定要把欠款还上。她领着工程队继续承揽工程，用挣来的钱、要来的欠款还债……就这样，5 年里，她还清了数百笔欠款。别人欠她的钱，有的是折价偿还，有的始终拖欠，但都没有影响她主动还债。诚重如山，一诺千金，武秀君的行为正是对诚信最好的诠释。

为政德为先，而诚为一切美德之基石。诚信既是道德和人格的起码标准，是做人做事做官的起点。诚实守信，对普通公民来讲，是一种道德诉求，但对于党员干部来说，则是必须具备的基本素质和品格。作为党的干部，就要发挥表率作用，带头讲诚信、守诚信、践诚信。

人们常说，一个党员，就是一面旗帜；一个干部，就是一把标尺。党风、政风的好转，归根到底要靠每个党员干部用自己的一言一行，在人民群众中树立起好的形象，建立起一个诚实守信的良好社会信用体系。一项最新的全国大型调查数据分析表明，当前有超过40%的民众对党政领导干部和党政机关办事人员持不信任态度。可以说，人民群众的信心、信仰、信任、信赖，在很大程度上取决于党员干部的诚信。党员干部守信于己，取信于人，是党的事业求得发展和成功的一个重要条件。那么，诚信是当干部的原则底线，也是从政的基本准则。党员干部讲诚信，一方面为政府诚信奠定了坚实的基础，确保不会出现朝令夕改的现象；另一方面，党员干部以诚信为本，服务社会，直接倡导了诚信文化，营造了信用经济的良好环境。这不仅是取信于民的生动体现和实际需要，同时其本身就是一种宝贵的无形财富。

当前，有些党员干部失信，严重损害了党和政府在人民群众心目中的形象。一是阳奉阴违，言行不一。有的党员干部口是心非，说一套、做一套，满口大话、空话和假话，想怎么说就怎么说，说了也不算，说到做不到，失信于民。二是朝令夕改，一时一变。有些党员干部特别是领导干部盲目决策，乐于“唯上”、“跟风”，热衷于提新口号、出新思路，搞“花拳绣腿”、忙“政绩工程”，工作虎头蛇尾、有始无终，不能立足本地实际，扎扎实实地一张蓝图画到底。三是弄虚作假，欺上瞒下。一些党员干部心高气盛，为了显示自己政绩，捏造数字，虚报浮夸，报喜藏忧，欺骗上级和群众。

党员干部这种不讲诚信、失信于民的不良作风，既丢掉了实事求是的传统，又是不正直、不诚实的表现，让人怀疑其人格，公信力受到影响。“百变局长”山西省河津市市住建局局长曾11次填报不同的出生日期、伪造学历。为了入党、升迁，他需要年龄大时就改大，需要年龄小时就改小；需要工龄提前时就提前；需要学历高时就改高。本应严肃准确的履历，成了可随意揉捏的橡皮泥。一名连自己的年龄、学历等档案内容都弄虚作假的干部，还怎能保证其对党忠诚、对国负责，对人民负责。党的干部要把用真心、说真话、办实事作为官德底线，这样才能用好手中的权力，真正取信于民。如果容忍造假行为，纵容造假的干部，让造假者吃香，使诚实的人吃亏，就会形成“破窗效应”，将损害党和政府在人民群众心目中的形象。

“对人以诚信，人不欺我；对事以诚信，事无不成”，每个党员干部都要以诚信为本，以诚实守信为荣，以见利忘义为耻，将做人的原则内化为做事的准则，言而有信，信而有行，以一诺千金的责任赢得群众的尊重，以一言九鼎的担当获得群众的信任。

讲诚信，必须表里如一。诚信是一个人立身处世的根本，“人而无信，不知其可”。大家一定都听说过第四届全国道德模范——全国诚实守信模范刘洪安的事迹。他在保定市高开区银杏路开了一间早点铺，使用一级大豆色拉油炸油条，坚持每天一换。因为坚守诚信，他的油条被消费者称为“良心油条”，他被许多人亲切地称为“诚信油条哥”。正是“放心油条”给刘洪安带来了事业的新起点。党员干部为人处世、干工作要就要像“油条哥”那样真心实意、表里如一。具体地讲，就是不说颠倒黑白、混淆是非的假话，不说信口开河、无中生有的谎话，不说言不由衷、口是心非的违心话，不说虚情假意、装腔作势的空话。力戒夸夸其谈、哗众取宠，把心思用在务实上，在办实事、求实效上多下功夫。只有以锲而不舍的努力，时刻注意以诚立威，以德服人，才能成为人民群众的表率。“言必信，行必果”。党员干部要身体力行、率先垂范，在全社会倡导“讲诚信、重信誉”的良好风气，营造“守信用、担责任”的浓厚氛围。这样，才能增强党委和政府部门的公信力和执行力，才能在各项工作中得到群众的理解和配合，从而促进工作的顺利开展。

讲诚信，必须襟怀坦诚。《大学》中有“欲正其心者，先诚其意，意诚而后心正”。诚实不欺、以诚待人，不仅是我们每个人应有的道德要求，也是一个党员干部正直、自信的表现。如果党员干部当面一套、背后一套，对上一套、对下一套，台上台下两个形象、人前人后两种表现、对人对己两个样，就会失信于人，正直的同事、朋友和下属、群众都会离你远远的。如果对上趋炎附势，巴结奉承，献媚讨好；对下盛气凌人，趾高气扬，随意指责，那就失掉了自己的人格尊严，更不会得到别人的尊重。“以诚感人者，人亦以诚而应”，人与人之间的真诚最珍贵。党员干部要襟怀坦荡、坦诚做人，用真诚待人，用真诚办事，用真诚消除彼此隔阂，用真诚求取理解宽容，用真诚赢得尊重信任。

讲诚信，必须秉公用权。“权力是柄双刃剑，为民则利，为己则害。”党员干部特别是领导干部要时刻牢记手中的权力是人民给的，是为人民谋利益的，一言一行、一举一动，都要以党的事业为重，以人民的利益为重，自觉地把工作岗位当考场，把行使权力当考试，是考场就要遵守考场纪律，是考试自当谨慎作答，要始终清醒警醒，不断强化自觉，交出优异答卷。党员干部要秉公用权，把党和人民赋予的权力用来为党分忧、为民造福，解决好关系人民群众切身利益问题，防止权力商品化、庸俗化，决不能把权力变成以权谋私、假公济私的工具。如，焦裕禄在他得知儿子看戏未买票，便对他进行了严肃的批评，教育他不能“看白戏”，并责令他拿钱到剧院补票。女儿中学毕业后，被安排到食品加工厂腌咸菜。这与当前一些党员干部信奉“有权不用、过期作废”真是形成了鲜明对比。所以，对手中的权力，党员干部要心有所畏、言有所戒、行有所止，要立明规则、硬规则，破潜规则、陋规则，做到秉公用权、依法用权、廉洁用权。

讲诚信，要从点滴做起。“不积跬步，无以至千里；不积小流，无以成江海”。讲诚信要从小事做起，从点滴做起，从现在做起。有些党员干部，说话办事不讲诚信，不守诺言，习惯于耍心眼、说假话、弄花招、搞变通、报虚功。人民群众对此深恶痛绝。那么，党员干部就得必须从点点滴滴养成抓起，始终如一地做到诚实守信，时时、事事、处处严格要求自己，讲可信的话、办可行的事，使自己逐步养成诚实守信的良好习惯，要做到人前人后一个样，台上台下一个样，领导在与不在一个样，做一个堂堂正正、光明磊落的人，言出必行，行出必果，说了就做，做就做好。

谦虚谨慎：牢记“两个务必”，不辱职责使命

1949年3月，毛泽东同志在西柏坡召开的党的七届二中全会上，提出了著名的“两个务必”，务必使同志们继续地保持艰苦奋斗的作风，务必使同志们继续地保持谦虚、谨慎、不骄、不躁的作风。“两个务必”是党员干部一直坚持的作风和精神，艰苦奋斗使共产党人在困境中生存下来，谦虚谨慎则是确保党员干部不断取得进步的有力武器。

谦虚谨慎是一种良好的道德品质。谦虚就是指谦和、虚心、不自满，能自觉接受别人的意见和批评，它包括两个基本要素：虚怀若谷的精神和实事求是的态度。谨慎则是指严谨细致、小心慎重，有严密的科学态度和较强的事业心和责任感。

“满招损，谦受益。”意思是骄傲自满会招来损害，谦虚谨慎能得到益处。这是我国古代总结出来的为人处世的道理。事实上，古往今来，对人类作出重要贡献的思想家、政治家、科学家，大都是谦虚谨慎的人。“中国航天之父”、享誉世界的著名科学家钱学森，为我国航天科技事业发展作出了突出贡献，被誉为“科学界的泰斗”。钱学森却说：“在任何新的领域，我们都是小学生。”彰显了钱学森谦虚谨慎的高风亮节。特级战斗英雄张国

福，参加过“三下江南”“辽沈战役”“平津战役”“渡江作战”“抗美援朝”等诸多战役，屡建奇功，荣获“孤胆英雄”“开路先锋”“青年战斗英雄”等多种荣誉称号，曾出席第一次全国战斗英雄代表大会并受到毛泽东、周恩来、朱德等的亲切接见。他复员回到地方，却对赫赫战功只字不提，隐姓埋名40年甚至连他的家人也无从知晓。他说：“战争的胜利不是一人之功，合上功劳簿，我就是一个普通的劳动者。”

一个谦虚的人，有自知之明，不自以为高贵，能够比较清醒地认识自己的优点和缺点，为人谦逊，能够虚心接受别人的意见和建议，能虚心去请教他人；一个谨慎的人，为人处世周密严谨，观察事物全面仔细，分析问题细致缜密，待人接物大方得体。《解放军报》2012年12月7日报道“英雄航天员”刘洋这样一件事，记者走进航天员大队，见到刘洋，与她打趣：“人家都叫你‘嫦娥’，可‘嫦娥’不是航天英雄呀。”机智的刘洋马上接过话茬：“我不是‘嫦娥’，我是‘常我’——平常的我。”落座之际，她还补了一句：“‘嫦娥’是别人给我的褒奖，‘常我’才是真实的自我。做事，说话，我喜欢按照常情常理来。我只是一名普普通通的航天员，一个赶上了好时代的幸运儿!”作为中国首位飞天的“神女”刘洋，将嫦娥奔月的神话变为现实。人们赞誉她为“嫦娥”，刘洋却不居功、不自傲，谦敬礼让、低调从容。

一个人只有谦虚，才会有进步。我们对自己要有一个正确的评价和认识，不满足于现状，要虚心地向别人学习。只有虚心地、热情地学习一切先进的经验，学人之长，补己之短，才能不断地改进自身的工作。这样，才能有利于自己的成长和进步。因为，人们对于新事物总是有一个从无知到有知、由浅入深逐步认识的过程。人们对世界的认识和所要掌握的知识、技能是无限的，而一个人无论多么聪明，多么有才华，他的知识和本领也是非常有限的。因此，每个人都应持谦虚态度，拓展“长板”，补充“短板”，不断学习进取、成长进步。

古希腊著名哲学家苏格拉底，不但才华横溢、著作等身，而且广招门生、奖掖后进。每当人们赞叹他的学识渊博、智慧超群的时候，他总谦逊地说：“我唯一知道的就是我自己的无知。”有人问爱因斯坦：“您老可谓是物理学界的空前绝后了，何必还要孜孜不倦地学习呢？何不舒舒服服地休息呢？”爱因斯坦并没有立即回答他这个问题。而是找来一支笔、一张纸，在纸上画上一个大圆和一个小圆，对那位年轻人说：“在目前情况下，在物理学这个领域里可能是我比你懂得略多一些。正如你所知的是这个小圆，我所知的是这个大圆，然而整个物理学知识是无边无际的。对于小圆，它的周长小，即与未知领域的接触面小，他感受到自己的未知少；而大圆与外界接触的这一周长大，所以更感到自己的未知东西多，会更加努力地去探索。”才识、学问愈高的人，在态度上反而愈谦卑，希望自己能精益求精，更上一层楼；也正因为如此，他们往往具有谦虚的风度和容人的雅量。

在工作中，我们一定要持谨慎态度，切忌急躁轻率、鲁莽冒失。每一个党员干部都要养成虚怀若谷的胸怀，都要有一种谦虚谨慎、戒骄戒躁的精神，对待自己应有自知之明，面对成绩不自负自傲，面对缺点和问题不推诿扯皮、不文过饰非，而是主动、认真地改正不足，努力打好基础，争取更大进步。

一要祛骄气。工作中，有的党员干部骄傲自大，盛气凌人，目中无人，自以为是。大家知道，骄气不但不益于自己事业的进步、品德的修养，还容易产生骄傲自满、固步不前、心浮气躁的毛病。党员干部在工作和生活中，要高调做事、低调做人，克服骄傲自满，摒弃自负虚荣，立志干事创业，淡泊权力名位，以有为赢有位，以德才赢进步，不为些许成绩生傲气，不因一时挫折而泄气，以蓬勃朝气、昂扬锐气、浩然正气去拼搏进取。

二要除躁气。有一句俗语，“人心不能长草”。此话的意思是，做人做事沉稳不急躁、踏实不轻率、务实不浮躁。浮躁之气，不可小视，主要表现为：心浮气躁，患得患失；好大喜功，急功近利；牢骚满腹，心烦气滞。有的党员干部面对工作不合自己心愿时常会发牢骚：“趁早离开这个鬼地方”；面对急难险重任务时就抱怨：“我早不想干这个破差事了”；面对领导重用他人时却想：“我干的成绩够大的了，为啥还不提拔我”。如此急躁骄傲的心理和状态，不仅会耽误个人工作发展和事业进步，还会影响到党和政府在人民群众心中的形象，具有极大危害性。党员干部要自觉克服“东张西望”的攀比心和“上蹿下跳”的浮躁心，保持一种恬淡宁静的内心状态。2014 年 8 月 28 日，武警广西总队政委丁晓兵在“核心价值观百场讲坛”第五场的演讲中说道：“硝烟散去，走下战场后，我获得了很多荣誉，入了党，记了一等战功，破格提干，还获得了为我特设的第 101 枚‘祖国边陲优秀儿女’金质奖章，受到党中央、中央军委领导的亲切接见。面对那么多的鲜花、掌声和荣誉，还不到 20 岁的我确实没有思想准备，一段时间里竟然有些心浮气躁，飘然膨胀。这时，有两件事对我触动很大。一件事是父亲领我去干休所拜访老红军、老英雄。老前辈那满满一盒尘封已久的军功章使我突然意识到自己的年轻与肤浅。另一件事是一个大学生给我来信：‘丁晓兵，你成为英雄只算过了第一关。假如十年二十年以后，仍然还有事迹从你的身上出现，这个英雄的称号你才当之无愧。’这两件事让我清醒了许多。我暗暗告诫自己，决不能把党和人民的厚爱当作索取回报的筹码，决不能因为戴上英雄的桂冠而脱下战士的钢盔。荣誉已成为过去，居功就是自毁，只有不断淡忘过去的辉煌，才能有勇气和办法面对未来的艰辛和挑战。”党员干部祛除浮躁之气，就得要有不争功、不争名、不争利的坦荡胸怀，冲破名缰利锁的羁绊，真正静得下心神、稳得住心智，祛鲁莽存沉稳，除焦躁存淡泊，凝神务实干事业。

三要戒霸气。霸气、霸道的干部表现十分强势，傲气逼人，逞强好胜，自负蛮横，不论什么事，都喜欢自己说了算，听不进不同的意见和声音。我们经常从媒体上看到和听到“替党说话，还是替老百姓说话”的蛮横、“你知道我是谁吗？我是局长！”的狂妄、“我就是王法”的嚣张。现实中，少数党员干部错误地认为，自己手中的权力是上级封的，领导给的，跟群众没关系。他们对上阿谀奉承，拉关系、找靠山，对群众无所顾忌，飞扬跋扈。党员干部要少些“霸气”，多些“和气”，要有“甘当小学生”的谦逊和自警，不断去除身上的霸道作风，以群众为镜知得失，以群众的监督和评价来规范自己的言行，使自己真正成为群众满意、能为群众办实事的优秀党员干部。

淡泊名利：个人名利淡如水，党的事业重如山

《清代皇帝秘史》中记述乾隆皇帝下江南时，来到江苏镇江的金山寺，看到山脚下大江东去，百舸争流，不禁兴致大发，随口问一个老和尚："你在这里住了几十年，可知道每天来来往往多少船？"老和尚回答说："我只看到两只船。一只为名，一只为利。"由此可见，对待名利，人们有不同的态度：一种是追名逐利，一种是淡泊名利。作为一名党员干部，就得要有一种豁达、一份执着，看名利淡如水，视事业重如山。

淡泊名利是共产党人的优秀品格，也是一名党员干部真正有魅力、有威信、有作为的决定性因素。陈云认为任何功劳头一个是人民的力量，第二是党的领导，第三才轮到个人，并写有"个人名利淡如水，党的事业重如山"的条幅以自警。"中国航天之父"钱学森，给自己定下许多原则：不题词，不吃请，不为人写序，不出席应景活动，不接受采访，不参加任何成果鉴定会，不接受礼品，不写回忆录，不同意为他塑像和立功德碑等，世人赞他"国为重，家为轻，科学最重，名利最轻"。辽宁省盘锦市兴隆台区原区委常委、宣传部部长周恩义忘我付出、让而不争，他"职务安排不争官大小，物质待遇不争多与少"，工作中四度让

职、能上能下，让待遇、让荣誉、让出的是风格、是境界，忘却了“小我”、成就了“大我”。党员干部就是要坚守淡泊名利的高尚情操，带头锤炼党性、砥砺品行，以身作则、率先垂范，在功名利禄面前，经得起诱惑、耐得住寂寞、抵得住浮躁，恪守党员干部的精神高地，用自己的人格力量感染他人，用自己的模范行动引领群众。

当前，有些党员干部从个人利益出发，“争名于朝，争利于市”，整天想着待遇提高，想着升迁提拔，想着为小团体、为个人谋利益，到头来落得个身败名裂。有的干部以自我为中心，搞自我设计，现在当什么，几年后要当什么，再过几年想当什么，满脑子都是自己的名利、地位。党员干部淡泊名利，就是多想为群众、为党做什么，既追求工作上的高标准，高质量，又要耐得住寂寞，守得住清苦，在金钱、物欲面前做到心不动、眼不红、嘴不馋、手不沾，把“干干净净”、“堂堂正正”作为自己的从业之本、立身之道。

党员干部要摒除名利的迷恋诱惑。《大学》中说：“定而后能静，静而后能安，安而后能虑，虑而后能得。”在诱惑与欲望面前淡定沉着，在挫折与困难面前矢志不渝，才会不断取得事业的发展和个人的成功。民谚说的好：“一个人的快乐，不是因为他拥有的多，而是在于他计较的少。”党员干部要有“名利于我如浮云”的人生态度和精神境界，对名利要有平常之心，在诱惑面前学会放弃，在原则面前学会坚守，切实做到不为名所缚，不为利所驱，不为钱所惑，不为物所累，真正做到一身正气、一尘不染。居里夫人一生两次获得过诺贝尔奖，得过各种奖金 10 次，各种奖章 16 枚，名誉头衔 117 个。当她获得第一次诺贝尔奖之后，毅然将100多个荣誉称号统统辞掉，专心研究，终于又荣获第二次诺贝尔奖。有一天，一位朋友来她家做客，忽然看见她的小女儿正在玩英国皇家学会刚刚颁发的一枚金质奖章，大惊道："居里夫人，现在能得到一枚英国皇家学会的奖章是极高的荣誉，你怎么能给小孩子玩呢？"居里夫人笑了笑说："我是想让孩子从小就知道，荣誉就像玩具，只能玩玩而已，绝不能永远守着它，否则就将一事无成。"的确，一个人不被名誉物欲所诱，思想上、心灵上就没有负担，就能会更从容、更理性、更大度、更自信，在平平淡淡中感受人生的价值和意义。在我们身边，那些全心全意为人民服务的党员干部，无不是默默无闻、淡泊名利的坚守者。焦裕禄工作鞠躬尽瘁，无私奉献，从不考虑个人名利，活着受人敬仰、死后令人怀念；袁隆平面对如潮水般涌来的各类荣誉和奖励，淡然处之，他说："人生不是为了追名求利，应该要更崇高一点，要让思想境界高一点，这样你就会取得更多的成就。"他还将奖金捐赠出去，以表彰科技工作者和扶植新人……他们的那种甘于寂寞、淡泊自守、不求闻达，视名利富贵如浮云的人生态度和精神境界，对那些整天汲汲于名利、戚戚于富贵的人来说，真是重重地敲响了一记警钟。如果党的干部成天肩上压着名缰利锁，心里想着吃喝玩乐，眼中盯着功名利禄，就容易翻船落马、坠入深渊。一位贪官刑前就曾追悔说："贪图功名利禄是我这一生最大的错误"。党员干部要保持"平常心"，坚守正确的"名利观"，我们应当见淡对名利者而思齐，见追名逐利者而自省，真正做到名利面前要谦让，权力不争大小，位置不争先后，荣誉不争高低，待遇不争厚薄。大家要像杨善洲那样，有这样一种认识：我们追求的"名"，就应该是"共产党员"这个光辉

“名称”，追求的“利”，就应该是为人民群众服务的“最大利益”。求“民利”，不图“名利”，要把这样的“名利观”作为我们每一名党员干部的精神追求，不毁其守，不舍其求，铭记于心，追求不息。

党员干部要常怀知足常乐的心态。知足是一种内心感受，是对一个人的欲望约束。老子曰：“祸莫大于不知足，咎莫大于欲得。”名利无止境，犹如精神鸦片；名利也猛如虎，是把双刃剑。一些人追求名利主要还是为了满足自身的欲望。因此，要淡泊名利，必须从根本入手，控制住自己的欲望，感恩知足。俗话说，“世上莫如人欲险”。一个人的欲望越强，他的名利思想也就越强。如果欲望不强，那么，也就比较容易看淡名与利。淡泊不淡漠、淡然更坦然。其实，人的一生一世，谁也带不走的是财富，但可以留下我们的名声。功成名就不是党员干部唯一的目标和价值，而在于我们是否为社会的发展、国家的富强、人民的幸福尽心尽力尽责了？如果我们背上名利的包袱，就像“鸟翼系上了黄金，鸟儿就再也飞不起来了”。我们要在工作上向高于自己的人看齐，生活中要向低于自己的人看齐，只有这样，才能做到知足常乐。大家知道，无数革命先烈和先进模范人物，默默地为党和人民奉献着，他们甚至不惜牺牲自己的一切，却从未向党和人民要过名誉、要过地位、要过待遇，但他们的英名却永远镌刻在历史的丰碑之上，受到人民的尊敬和爱戴。我们再看有的人追名逐利，唯利是图，最后为名利所累、所害，直至走向犯罪的道路。由此可见，我们对待名利要审慎律己，以淡泊之心对待“名”，以平和之心对待“位”，以知足之心对待“利”，以敬畏之心对待“权”，以精进之心对待“事”，工作生活中常照品行“镜子”，常做思想“体检”、常扫心灵“灰尘”，摒弃不良欲望，抵制外界诱惑。

党员干部要有为民干事创业的情怀。事业重如山、名利淡如水，每个党员干部都要有这样的胸襟和情怀。不争名利、只为“民利”，不图地位高低、只图事业有成，这是党的干部应有的人生价值追求。党员干部不是封建官吏，而是人民公仆，要立志做大事，不能立志做大官。我们评价一个干部的成就，不是看他当了多大的“官”，而是看他为群众干了多少事，真正在浮躁喧嚣面前静下心来思考、潜下心来做事。重庆市梁平县虎城镇原党委书记邓平寿，坚守“虎城的事一天没做好，我就一天不离开虎城”的信念，放弃调任县交通局长、提任副县级并到县里工作的机会，参加工作31年没离开虎城，带领干部群众，把虎城从一个山区穷镇变成远近闻名的富镇，一直到耗尽自己的生命，永远倒在虎城这块他无比热爱的土地上。全镇20岁以上的人没有不认识他的，群众都亲切地称他为“泥脚”书记、“田坎”书记、“草鞋”书记。他以自己的实际行动，赢得了人民的信任和爱戴。党员干部就得要有“为天地立心，为生民立命”的胸怀和气度，立身不忘做人之本，为政不移公仆之心，用权不谋一己之私，忧事业之兴衰，思发展之良策，谋民生之福祉。要正确对待荣辱得失，平和对待进退流转，甘当绿叶，甘作陪衬，甘做无名英雄。要淡泊明志、宁静致远，真正做到不为名利所惑，不为物欲所诱，不为浮华所动，不为私情所扰，做到“脑不浑”“嘴不馋”“手不伸”“腿不软”，一身正气、一尘不染。

胸襟宽阔：心胸阔，天地宽

法国作家雨果说："世界上最宽阔的是海洋，比海洋宽阔的是天空，比天空宽阔的是人的胸怀。"古今中外，凡能成就大业者，多是心地坦荡、胸怀宽广之人。胸襟宽阔，既是素养和美德，又是修养和风度，就是要有崇高的理想信念和精神境界，有虚怀若谷的胸怀，海纳百川的气度，容人、容己、容事。

胸襟宽阔，是一种无私无畏、无拘无束的坦荡和洒脱。宠辱不惊，坐看庭前花开花落；去留无意，漫随天边云卷云舒。得之不喜、失之不忧、宠辱不惊、去留无意，这应该成为我们对事对物、对名对利的态度，这样才可能心境平和、恬然自得、坦荡洒脱。古时候有一位智者，德高望重。他有一个小徒弟虽天资聪慧，但心胸狭小，常因一些琐事怨天尤人，牢骚满腹。智者见状，命其取一些盐来放入一小碗水中，令其喝下去后问：味道如何？徒弟答道：苦涩难耐！随后，智者又命徒弟取来一罐盐，并一同前往湖边，让徒弟将盐倒入湖中，又命其掬一捧湖水喝下后问：味道如何？徒弟道：清爽无比！智者说：人生许多事就如这罐盐，放入一碗水时你尝到的是苦涩，而放入一湖水中，你尝到的却是满口甘爽。

胸襟宽阔，是看透了人生、社会之后所获得的那份淡定从容、自信超然，生存快乐幸福的法宝。人生要有三种境界：一要看得远。看远才能览物于胸。只看眼前美景，难见山外之山；困于蝇头小利，难睹天外之天。自我陶醉，自我放纵，自毁前程。二要看得透。阅透人情知纸厚，踏穿世路觉山平。我们要看得透想得开，拿得起放得下，立得正行得稳，不要过分在意得失，不要过分看重成败，不要过分在乎别人对你的看法，否则，只会让我们的工作和生活变得更加沉重。三要看得淡。科学技术、经济社会的高速发展，物质世界的极大丰富，给人们提供了太多的诱惑，也让人产生了太多的欲望。我们要以平和之心看淡诱惑和欲望，不以物喜，不以己悲，达观进取，笑看人生。看淡不是不求进取，也不是无所作为，而是宁静与安然、坦荡和安详。

在中共中央政治局2013年6月22日至25日召开的专门会议上，习近平同志强调，中央政治局的同志必须有天下为公的宽阔胸襟，摒弃任何私心杂念，把为全中国人民谋利益作为自己唯一的追求，为党的事业和人民利益鞠躬尽瘁。这是对政治局提出的要求，也是对全党、对所有党员干部的要求。

党员干部手中的权力绝不是为了私利，而是一份沉甸甸的责任。“天下为公”，意味着摒弃一己之利、一己之私，而要胸怀国家、心系天下；意味着不计一己之亏、一己之憾，而要为了党和人民的事业殚精竭虑、锲而不舍；意味着不以一己之荣辱、一己之得失定取舍，而要以国家和人民长远利益为重。晚清重臣曾国藩的成功，并非在于他有多大的才能，而是得益于他宽广的胸襟。他常常说：“富贵功名皆人世浮荣，惟胸次浩大是真正受用。”胸次，就是胸怀，是胸襟，是一个人的心胸气度、精神境界。

一个人的心胸有多大，他的舞台就有多大！北宋三朝宰相韩琦，他性情深厚纯朴，心胸宽广，待人宽宏大量，人们尊称他为“韩公”。韩琦家里收藏有两只玉杯，做工非常精巧，堪称“稀世之宝”，韩琦非常喜欢这两只玉杯，茶余饭后，常常拿出来细细赏玩。一天，一位朋友到韩琦家来玩，说想观赏观赏玉杯，韩琦忙叫一个仆人把玉杯取来放在桌子上，朋友看着玉杯赞赏不已。就在这时，仆人不小心碰了一下桌子，两只玉杯一下子掉在地上，摔得粉碎，在场的所有人都惊呆了。仆人吓得跪倒在地上，捧着玉杯的碎片，泪如雨下。可是，韩琦并没有责备仆人，而只是笑着对朋友说：“凡是物品都有毁坏的时候，只可惜玉杯坏了，大家再也不能赏玩了。”说罢，他转身扶起佣人，说：“你只是偶然失手，并不是故意为之，我不会责怪你的。”看到这一幕，所有的人都不由对韩琦宽大的胸怀肃然起敬，朋友也激动地站起身，对韩琦抱拳说：“韩公真是一个心胸宽广的人啊！”

一个人的胸怀能容得下多少人，才能赢得多少人。党员干部要胸怀国家、心系天下，加强学习、提高修养，以天下为公的宽阔胸襟为官做事，摒弃任何私心杂念，把为人民谋利益作为自己唯一的追求，为党的事业和人民利益鞠躬尽瘁。大家都熟悉这么一句话：“宰相肚里能撑船。”党员干部就是需要有这样的宽广胸怀。

*一是要厚道友善。*厚道友善就是对人要宽厚、友好、善良，要为人谦恭庄重、待人宽厚和气，处事诚实刚正、行事勤快敏捷。要尊重他人，理解别人，欣赏他人，与人为善、助人为乐、和谐相处。有着几千年历史的国学经典《三字经》开篇首句便是：“人之初，性本善。”孔子提出“己欲立而立人，己欲达而达

人”和“己所不欲，勿施于人”，孟子提倡“仁者爱人”，这些都是告诉人们，要以宽广的胸怀关爱他人，有助于他人。作为新时期的党员干部，更要有厚道之品，有善良之心，心底无私、襟怀坦白、光明磊落，谦恭自居、谦虚待人、谦和处事。有位哲人说：“友善是道德中最大的秘密。”厚道友善是维持良好的人际关系，维护和谐的社会交际秩序的前提与基础。我们只有加强个人涵养的修炼，具备厚道善良的品性，群众才会发自内心地尊重你、拥护你、支持你。每一名党员干部都要以善良之心、友好之态待人、接物、处事，谦敬礼让、帮扶互助、尊重宽容，真正成为一个厚道友善之人。

二是要宽容忍让。“能忍人之所不能忍，乃能为人之所不能为。”人的胸襟气度首先要表现在宽容和忍让上。孔子的学生子贡曾问孔子：“老师，有没有一个字，可以作为终身奉行的原则呢?”孔子说：那大概就是“恕”吧。“恕”，用今天的话来讲，就是宽容。党员干部要着力培育宽容之德，拓展宽容之量，深谙宽容之道，把握宽容之度，要有容人、容言、容事的雅量和心胸。2013 年 12 月 5 日，南非国父曼德拉与世长辞，从他的经历中，看到了真正的宽容：他亲自签署邀请函邀请 3 名曾经在监狱中虐待他的狱警参加他的总统就职典礼。在仪式上，他把 3 名狱警介绍给大家，向他们致敬，并一一与之拥抱。遭受 27 年囚禁的曼德拉以胜利者状态走出监狱大门，并当选南非总统，正当外界担心一场报复不可避免时，曼德拉选择宽容与和解，他由衷地告诉一些激进的黑人组织：“现在不是要把白人赶入大海，而是把仇恨的枪扔进大海里去。”俗话说：“能忍能让真君子，能屈能伸大丈夫。”一个人要想成就一番事业，一定要做到：胸襟要宽一点，气量要大一点，眼界要远一点。学会让步，学会忍耐，受得住委屈。尺有所短，寸有所长，金无足赤，人无完人，要能赏人之长、容人之短、谅人之过。我们还要懂得尊重他人的不同个性特点，宽以待人，不要强求他人与自己一致，能与人和谐相处、友好相处。

三是要乐观豁达。心胸豁达天地宽。2008 年，美国哥伦比亚大学霍华德金森发表的《幸福的密码》认为：所有靠物质支撑的幸福感，都不能持久；只有心灵的淡定宁静，才能使身心愉悦，才是幸福的密码。这就需要乐观豁达的心境。能舍一池之水，便能做一池之主；能舍一江之水，便能成一江之气。党员干部要自觉培养乐观豁达的心态和性格，学会尊重与理解别人，严以待己，宽以待人，以海纳百川的气度待人接物。做到眼界宽广，胸襟开阔，严于律己，光明磊落，心地坦然，做到在困难挑战与顺利顺心时，在挫折面前与荣誉面前，在受到委曲时与心情舒畅时，在缺少监督时与受到监督时，都始终如一地严格要求自己。要学会同各种性格、各种脾气的人共事，情怀博大，做到包容和豁达，了解、赢得、团结同志和群众，形成谋事、干事、成事的整体合力。

第五篇　修炼综合能力素质，做为民服务的党员干部

“打铁还需自身硬”，能力素质是党员干部履职之本。党员干部综合能力素质的高低，直接关系到所在地方经济社会的发展和人民群众的福祉。

提高综合能力素质，一靠加强学习，党员干部要认真学习党的理论，学习掌握做好工作、为民服务所必备的各种能力和本领。二靠实践锻炼。“宰相必起于州郡，猛将必发于卒伍。”实践是锻炼培养干部的大学校，党员干部要深入实际、深入基层，多“墩墩苗”、深“扎扎根”，在改革发展的主战场、维护稳定的第一线、服务群众的最前沿，砥砺意志品质、锤炼过硬作风、增长实践本领。

积极破解难题：勇于直面矛盾，善于解决问题

当前，我国经济社会发展进入全面深化改革的新阶段、深水区，面临着民生改善、经济增长、环境保护、惩治腐败等诸多大大小小、方方面面的问题和矛盾，确实到了一个问题丛生、矛盾交织的复杂时期，工作难度系数不断加大，迫切需要提高党员干部直面矛盾问题，破解难题的能力和素质。

所谓“问题”，就是时代的声音、实践的向导。可以说，现实问题不能也无法回避，问题就是实践中急需解决的矛盾和困难，更是推动工作创新的突破口、检查工作成效的重要标准。我们面对矛盾和问题时，要有态度、有取舍、有担当，有一马当先、舍我其谁的精气神，深入实际“望闻问切”，惯于发现问题、敢于直面问题、勤于分析问题，有效解决发展过程中的各种问题。

党员干部要注重培养和提高分析研究与解决实际问题的能力，而破解难题正是培养和提高这种能力的关键环节。破解难题的能力不可能凭空而来。古人讲：“每临事，则曰：‘吾不会做’，此大谬也。凡事做则会，不做则安能会焉？”讲的是，一遇到事情，就说我不会做，这是十分错误的。凡事只有认真去做才能

会，不做怎么能会呢？用今天的话来说，就是实践是攻克问题的钥匙。党员干部只有在实践中反复摸爬滚打，认真研究总结，才能逐渐增长解决问题、处理难题的能力和本领。当前，面对无数问题的大山，我们需要铺路架桥，发扬拼搏精神，以啃硬骨头的劲头、爬坡过坎的雄心，敢于向问题叫板，善于向难题亮剑，真正担当起务实工作、为民造福的重任。

有在破解难题中推进科学发展的自觉，彰显的是党员干部的责任和担当；能在破解难题中推进科学发展，体现的是党员干部的素质和能力。难题是一面镜子，面对问题困难的所思、所言、所行，最能折射出党员干部的能力水平和思想境界。问题无时不在，无处不在。当前，我国经济社会发展出现了许多新的阶段性特征，新情况接踵而来，新问题层出不穷，新矛盾日趋复杂。只有妥善解决这些矛盾和问题，才能不断推进改革发展，实现全面建成小康社会的宏伟目标。这就需要我们党员干部具有不畏困苦、破解难题的能力，重任面前不退缩，困难面前不低头，挫折面前不气馁，用持之以恒的毅力、锲而不舍的钻劲、驰而不息的决心，去破解前进中的各种难题，确保各项任务目标的顺利完成和全面实现。

党员干部要有直面矛盾、破解难题的勇气和胆识。要坚决克服畏难怕事、退缩回避、被动应付的思想，把直面矛盾、破解难题作为增长才干的重要平台和难得机会。“河出潼关，因有太华抵抗而水力益增其奔猛；风回三峡，因有巫山为隔而风力益增其怒号。”对于矛盾和难题，敢碰敢触及，总会有其解决的措施和办法；不碰不触及，矛盾永远是矛盾、难题永远是难题，并且将来再想去解决，化解的难度和所需要耗费的气力会更大。党员干部要树立战胜困难的决心和勇气，面对矛盾难题，不藏不掖，不躲不闪，要知难而进，不怕失败，始终保持愈挫愈勇的锐气，切不可在矛盾难题面前望洋兴叹、停步不前，千万不要把“烫手的山芋”丢给别人，自己却一旁袖手旁观、坐享其成，要有敢抓敢干、善抓善干、长抓长干的好作风、好形象。

破解矛盾和难题，必须善于发现问题。善于发现问题就是要坚持问题导向，主动地去寻找问题、发掘问题。马克思说：“每个时代总有属于它自己的问题。”没有发现问题不等于实际没有问题，有问题长期发现不了往往会出大问题。但发现问题的能力不是与生俱来的，而是在具体实践中培养和锻炼出来的。我国国学大师胡适曾说过：“每个人总得时时寻找一二个值得研究的问题，问题是知识学问的老祖宗，如果没有一二个值得解答的问题在脑子里盘旋，就很难保持求学问的热心。”党员干部在工作中，要处处留心，抓住已有的线索，多问几个为什么，善于从司空见惯、习以为常的现象背后挖掘出有价值的问题，进行全面系统地思考和研究，由此及彼、由表及里，通过对现象的归纳、分析、概括、提炼，找准反映事物本质的特征和规律。从某种意义上说，我们的工作就是不断发现问题、解决问题的过程，对自己所从事的工作要特别上心，成为有心人，树立强烈的问题意识，有一种追根溯源、刨根究底的毅力和精神，主动发现新问题。

能够发现问题是水平，善于解决问题是能力。刘云山同志曾强调，“在新的时代条件下全面深入改革、开创事业发展新局面，领导干部必须有发现问题的敏锐、正视问题的清醒、解决问题的自觉。”知易行难，更要知行合一。在具体工作中，党员干部努力做到发现问题要早、直面问题要真、研究问题要深、解决问题要实，不断提升工作能力和水平。

找准问题症节。解决难题不能囫囵吞枣，而应对症下药。问题症节就是推动难题破解的突破口、着力点。破解难题不能“一线平推”、“眉毛胡须一把抓”，要善于抓住关键性症节。难题之所以成为难以解决的问题，一定有其症节之点、卡壳之处，只要思想不滑坡，办法总比困难多。我们一定要想办法把它们找出来。要坚持望闻问切，瞄准影响经济社会发展的全局性问题、制约转型升级的突出矛盾和人民群众反映强烈的民生诉求，特别是本单位、本部门在完成工作中存在的障碍和瓶颈，真正把基础性、根本性问题找准、找清、找透。在难题难事破解过程中，克服迟钝、保守、懒惰、虚荣等不良心态，深入研究和仔细分析，集中精力开展攻关。坚持“破中找、找中破”，针对难题的具体症结所在，可采取“一题一破”“多题一破”“一题多破”等形式和办法，实打实地做实、做细每一项解决方案，解剖麻雀号准脉，确保难题得到有效化解。李瑞环同志曾讲过：“普遍存在的问题要到领导集团的指导思想和方针政策上去找原因；反复出现的问题要到规律上找原因。”这就更加需要我们深入实际调查研究，以宽阔视野去发现新情况，以全新思维去研究新特点，以创新方法探索新路径，不断发现和解决全局性、本质性、潜在性的问题。

汲取群众智慧。俗话说，“人心齐，泰山移”，“三个臭皮匠，顶个诸葛亮”。化解矛盾、破解难题，办法在实践中，点子在群众中。群众实践中蕴藏的丰富智慧，我们在书本上看不到，办公室里想不到，破解难题的最好办法就是深入群众，和群众面对面沟通、心贴心交流，在与群众零距离接触中获取真知。广大党员干部要深入实际、深入基层、深入群众，通过广辟言路谈、俯下身子问、深入实地看等多种形式，真诚向群众求教，打破砂锅“问”到底，集中群众智慧和经验，就一定能找得到破解难题的思路和办法。我们要真正做到用90%以上的时间深入基层、研究情况，用不到10%的时间做决断，用100%的精力真抓实干、全力落实。

搞好统筹兼顾。有时破解难题顾此失彼，按下葫芦浮起瓢，说到底就是缺乏统揽全局的远见卓识和科学筹划、兼顾各方的工作能力。工作中，我们既不能“不顾”，又不能“只顾”，而必须是“兼顾”，做到长短兼顾、标本兼治，整合和调动各方面资源，审时度势，因势利导，相互配合，破立并举，用重点突破推动难题得到全面彻底地解决。党员干部要勇于实践、勇于变革、勇于创新，敢字为先，大胆尝试，多谋创意之策、多出创新之举、多做创造之事。要勇于坚持真理、修正错误，善于听取各方面的意见和建议，提出可行性和可操作性方案，努力解决问题，有效推动工作。

借鉴成功经验。有的难题这里有，别的地方也可能会出现或存在。他山之石，可以攻玉。在本地本部门是难题，在彼地、别的部门或许已经得到了很好的解决。要虚心学习借鉴外地或他人的宝贵经验和成功做法，可以博采众长，少走弯路，借梯登高，借势发展。用好改革创新的“开山斧”，善于消化吸收再创新，在学习借鉴成功经验的基础上，结合自身实际，不断开拓创新，进而提高处理复杂问题、破解难题的效率和工作水平。

勤于调查研究：调查摸情况，研究找对策

调查研究是做好本职工作的一项基本功，调查研究能力是党员干部整体素质和能力的一个重要组成部分。习近平同志曾强调："调查研究不仅是一种工作方法，而且是关系党和人民事业得失成败的大问题。"它不仅是反映党员干部工作水平的"温度计"，也是锤炼党员干部过硬工作作风的"磨刀石"。党员干部要对牵动全局、涉及长远的大事，特别是关系到改革发展稳定的重大问题以及情况复杂、矛盾突出的社会热点难点问题进行深入调查研究，进一步提高科学决策和服务发展的能力和水平。

没有调查，就没有发言权，更没有决策权。毛泽东说，"我们的口号是：一，不做调查没有发言权。二，不做正确的调查同样没有发言权。"党员干部要真正走出机关门，走进百姓家，面对面，心贴心，深入实际进行调查研究，全面把握客观情况。在实际调查中，如果满足于坐在办公室里，要数字，听汇报，或者仅仅根据上级文件办事，或者下到基层走马观花以示调查，不愿做艰苦、细致的调查研究，在这种情况下去做决策，那是没有不失误的。

基层是最大课堂，群众是最好老师，实践是最佳平台。"蓝

领专家”、天津港中煤华能煤码头有限公司孔祥瑞操作队队长、党支部书记孔祥瑞常说：“生产现场就是课堂，同事就是老师，我要把死知识变成活知识，把活知识变成真本事。”他边干边学，学以致用，常调查，细研究，向实践问计，向岗位寻策，他的“门机主令器星形操作法”被天津市总工会以孔祥瑞的名字命名，成为天津市职工十大优秀操作法之一。党员干部必须练好调查研究的基本功，要有比较丰富的科学知识、很强的理论思维水平和强烈的社会担当精神。

大兴调查研究之风，要真正做到实事求是，沉下心来，放下架子，俯下身子，到基层中去、到实践中去、到群众中去，努力查找问题，总结实际经验，获取实践真知，深化工作成果。特别是多搞一些典型调查、专题调查和系统调查，眼要多看看，耳要多听听，脚要多走走，切忌浮光掠影、主观臆断、搞花架子。只有这样，才能掌握真实生动的第一手资料，才能了解到“实事”，进而把握“实事”中蕴藏的规律。第二炮兵装备研究院某研究所总工程师、女导弹专家李贤玉，负责某导弹指挥系统研制工程的那段时间，各型导弹的发射控制命令、作战指挥流程等信息，在李贤玉的脑子里交错翻滚。她带人走遍导弹军营、发射阵地，与官兵摸爬滚打在一起，反复调研论证，找准需求。有人嫌累，不愿再跑。李贤玉告诉说：搞科研，不能坐在办公室“想点子”，而要在脚板底下“找法子”。一次，为了调研一组数据，李贤玉在西北戈壁滩上一待半个月，条件艰苦，没法洗澡，蚊虫叮咬，浑身是包，部队官兵不忍心，要求换个男同志，她却坚持不肯走，直到收集到有效数据才离开。奋战一千多个日夜，不同型号常规导弹作战指挥的“方言”被统一成“普通话”，李贤玉又专门选择复杂恶劣环境做试验。大雪封山，呵气成冰，她带领科研团队进驻塞外深山 3 个多月，连续进行了 20 多次试验调试。2006 年，全军某重大军事演习号角催征，李贤玉带着最新成果进行"战场"检验。"中军帐"里，指挥员轻点鼠标，多支导弹旅、多种型号武器装备在同一作战指令下同时行动，对预定目标实施火力打击。第二炮兵首长感慨地说，"能把这么多系统'统'起来，真是了不起！别看一个弱女子，能顶咱好几个导弹旅长。"任务结束，李贤玉荣立二等功。不难看出，李贤玉成绩的取得，与她深入细致的调查研究是分不开的。

可以说，调查研究是谋事之基、成事之道，更是党员干部提能力、强本领的重要途径。那么，在调查研究的过程中注意哪些问题呢？

一、调查研究要突出重点，避免盲目性

搞好调查研究工作是准确掌握情况、及时发现问题、有效解决矛盾、促进科学发展的重要环节。党员干部要自觉把调查研究作为科学谋划的基础、科学决策的前提、科学发展的途径，牢固树立全局观念和大局意识，围绕党委和政府的中心工作开展调研，以解决影响和制约科学发展的突出问题、改进工作方式方法、创新工作体制和工作机制为核心，紧密联系本地区、本部门、本单位的工作实际和发展实践，有重点、有针对性地深入开展调查研究，深入研究人民群众反映强烈的热点难点问题，深入研究党的建设面临的重大理论和实际问题，深入研究事关改革发展稳定大局的重点问题，特别是要加强对事关全局的前瞻性、战略性问题的调查研究，使调查研究工作同中心工作和决策需要紧

密结合起来，更好地为各级党委和政府科学决策服务，为提高党的领导水平和执政水平服务。要紧密结合实际，找准突出问题，分析原因症结，提出对策措施，进一步增强调查研究工作的针对性、实效性。

二、调查研究要讲究方法，注重灵活性

“工欲善其事，必先利其器。”调查研究必须讲究方式方法，即必须得“法”。科学方法的运用对提高调查研究水平至关重要。调研的方式要灵活多样，实用可行，切忌形式单调，一成不变。要因地制宜，因时制宜，根据不同调研内容和调研对象，采取不同的方法和措施。调研中可采用听取汇报、座谈讨论、个别访谈、实地考察等传统调研方法，还可运用网络调查、抽样调查等现代科学技术的调研方法，做到眼睛亮、耳朵灵、嗅觉敏、嘴巴勤、手脚快，真正把本地区、本部门、本单位的现状摸清摸透，把影响和制约发展的主要问题找准找好，从而提高调查研究的质量、效率和水平。要实行开门调研，多层面、多角度、多渠道了解情况，带着感情和责任，深入实际、深入基层、深入群众，重实际、听实话、察实情，先当学生，不耻下问，注重从群众生动活泼的实践中汲取智慧和力量，努力做到征求意见广、体现民意强。通过面对面、背靠背、请进来、走出去等多种方式找问题、听建议，真正使调查研究的过程成为反映民情、体现民意、集中民智、汇聚民力的过程。

三、调查研究要重心下移，提高针对性

党员干部要大力弘扬求真务实精神，大兴调查研究之风，更

好地发挥调查研究在推动工作、服务发展上的重要基础性作用。正像习近平同志强调的那样，现在我们面上调研够了，信息量够了，但真正琢磨透一个问题还不够，下深功夫、真功夫还不够。我们要深入田间地头和车间厂矿，到群众中去，问家长里短事，听鸡毛蒜皮言，同群众一起讨论他们关心的问题，倾听他们的呼声，感受他们的疾苦，吸取他们的智慧，这样才能在掌握真事实情的基础上出主意、在心中有“数”的情况下拿主张。1961 年 4 月，时任国家主席的刘少奇回到家乡湖南宁乡县搞调研。在一个村子里，他看到一个“万头养猪场”的牌子，很好奇，就对村里的干部说：咱们先看看你的“万头养猪场”吧！来到养猪场一看才发现：只有三四头小猪，皮包骨头，瘦得可怜。于是，刘少奇就从这个养猪场开始搞调研，他把养猪场饲料室的一间破旧空房当作办公室兼卧室，在这里一住就是 7 天。他担心听不到真话，就一个村一个队、一家一户了解情况。他详细了解村民们的生产生活，掌握了大量第一手材料，为后来国家农村政策的调整提供了重要依据。当前，在实际工作中，有一些党员干部搞调研“到市里按天算，到县里按点算，到村里按分算。”调研走马观花，道听途说，坐在车上转，隔着玻璃看，浮光掠影，只看“门面”和“窗口”，不看“后院”和“角落”。这样的调研是不可能真正把握到客观情况的。调查研究就是要力求全面、准确地了解情况，党员干部要严肃认真、一丝不苟、精益求精，不要满足于打电话、听汇报，凭着经验感觉搞调研，更不要停留在拉提纲、要材料，捧着条条框框搞调研。着力把握好“规定路线”与“自选动作”的关系，搞一些不打招呼、不作安排的随机性调研。不仅要“身入”基层，更要“心到”基层，乐于到条件艰苦、情况复杂、矛盾集中、问题突出的地方去做调查，掌握实情，取得大量的、翔实的第一手资料，防止闭门造车、盲人摸象。调研中，应努力做到这么几少几多：少些大小车辆，多些轻车简从；少些隆重接待，多些接待简化；少些充分准备，多些随机抽样；少些领导接见，多些跟群众接触。

四、调查研究要转化成果，突出实效性

只有当调研成果转化为党委、政府的决策和举措，成为科学发展的依据和助推器，才能体现出调研的实际意义和具体价值。为此，我们要正确处理好调查和研究两个环节的关系，在充分调查之后，对在调查中获得的资料和情况，要进行去粗取精、去伪存真、由此及彼、由表及里地深入思考、细致分析、认真研究，透过纷繁复杂的现象抓住事物的本质，找出问题、原因及其内在联系和规律，把零散的认识系统化，把粗浅的认识深刻化，从而得出正确的结论和解决问题的措施办法。党员干部要把调查研究的过程，当作增长本领和提升能力的过程，把了解到的实情作为科学决策的重要依据，把汇聚到的群众经验创造性地转化为解决问题的有效办法。

高效执行落实：提高执行力，落实讲效率

为政之要，贵在落实，落实之要，贵在执行。执行，简单地说，就是做，就是落实，是连接目标和结果之间最关键的一环。没有强有力的执行和落实，再好的目标，再好的蓝图，也只是镜中花、水中月。可以说，一个地区、一个单位，党员干部执行力的强弱，对本地区、本单位的发展至关重要。

“名必有实，事必有功。”建设高素质党员干部队伍，提高党的执政能力，最主要、最关键的就是要提高其执行力。党员干部执行力是指党员干部把党和国家的路线、方针、政策或者计划付诸实施，转化为工作成果的能力，是党员干部执政能力的具体体现。执行力如何，能综合反映一个党员干部的工作能力和水平，直接影响到组织决策和目标的实现。执行力是一种综合素质和能力，体现的是工作作风、精神状态和党性修养，包括政策领会力、实践融合力、团队协作力、接续创新力、沟通协调力、过程控制力、矛盾化解力等诸多方面。

一分布置，十分落实。执行力是检验党员干部素质高低的“试金石”，执行力差，就是不合格、不称职的表现。执行力体现党员干部的务实精神和责任意识，是党员干部的基本功。我们党

顺应人民群众的新期待提出了全面建成小康社会奋斗目标和保障措施。党员干部作为这些措施的执行者、落实者，其执行好坏直接关系人民群众的切身利益。如果执政承诺不能实现，也就不能满足民众对政策目标的期盼，那么，党就会逐渐失去人民群众的拥护与支持，从而影响到我们党执政地位的巩固。

当前党员干部队伍在执行力方面还存在一些不容忽视的问题，主要表现在——

一是机械执行。有些党员干部在工作中唯规定是从，照本宣科，不结合实际，机械执行，缺乏追求卓越、争创一流的精神。工作方法生搬硬套，不与时俱进，凡事按惯例执行，工作思路不宽、办法不多，缺乏闯劲，创新意识不强，工作没有特色。

二是被动执行。有的党员干部在执行落实过程中，能对付就对付，能敷衍就敷衍，过一时说一时，混一天算一天。有的党员干部工作没有主动性，不推不动，小推小动，甚至是推而不动。不求有功，但求无过。

三是低效执行。有的党员干部没有时间观念，惧苦怕繁，办事拖拉，不仅做不到“一日不为，三日不安”，而且工作水平低，眉毛胡子一把抓，事倍功半，效率低下。

四是表面执行。有些党员干部喜欢做表面文章，说起来豪言壮语，干起来毛毛细雨，看起来力度不小，实则是隔靴搔痒、徒劳无功。

强化执行力，需要增强自觉执行意识。一等二靠三落空，一想二干三成功。执行力是一种工作态度，一种脚踏实地的行动，它需要激情和动力，需要用心去做事。美国学者艾利森曾说过：“在实现政策目标的实际过程当中，90%的功能取决于有效的执行，只有10%的功能取决于方案。”作为一个党员干部特别是领导干部，一方面要制定科学的战略决策，另一方面的重要任务就是执行，党员干部执行力的高低，是工作目标能否实现的关键。再好的机遇、再好的思路、再好的措施、再好的政策、再鼓舞人心的目标，都要依靠执行来保证。只有在深刻领会、透彻把握党的各项方针政策的基础上，将执行政策的意识变为一种自觉的行动，才能提高执行力、落实力，使执行更加全面、准确和富有成效。要提高执行力，党员干部就必须强化自觉执行的时间观念和效率意识，坚持“今日事今日毕”，做到安排的工作立即办、复杂的工作稳妥办、困难的工作设法办。同时，党员干部还要坚持以不折不扣的执行力度、持续创新的执行态度、雷厉风行的执行速度，做到解放思想大胆干，步步为营扎实干，敢于碰硬较真干。

强化执行力，需要有深入实际的务实行动和高质量高效率的运行效果。“为者常成，行者常至。”提高执行力，不仅要有“想抓”的意识，还必须有“能抓”的措施、“善抓”的本领、“真抓”的作风。长期以来，不少地方和单位在工作作风方面，存在着“工作效率不高、工作质量不优、工作标准不严”和“门难进、脸难看、事难办”“三不”、“三难”的突出问题，甚至出现“公共权力部门化、部门权力个人化、个人权力利益化”和“不给好处不办事、给了好处乱办事”等不作为、乱作为等不良现象，损害了党群、干群关系，群众反响强烈。据媒体报道，山东济宁曲阜市为加强机关作风建设，推行“马上就办”工作作风，意在改进工作作风，提高执行力，服务广大群众。所谓“马上就办”，就是对符合相关规定的事情，要“当即办”，不能拖拖拉拉；对一些棘手的老大难问题，千方百计创造条件、迎难而上“主动办”；对群众反映的重大问题或带有普遍性的问题，深入实际“上门办”；对一些涉及面广、政策性较强的问题，只要不违反保密规定，坚持阳光透明“公开办”；对不违背国家政策和法律法规的问题，只要有利于加快发展、有利于维护和实现群众根本利益，就要创新思维“灵活办”。概言之，就是急事急办、特事特办、要事快办、难事设法办，做到“五个不让”：不让工作在自己手中延误；不让需要办理的事项在自己手中积压；不让各种差错在自己身上发生；不让办事的群众在自己这里受到冷落；不让党和政府的形象在自己这里受到影响。可以说，“马上就办”工作法，体现了务实为民的执行力、立说立行的落实力、以人为本的原动力，值得我们深入学习反思，认真对照改进，对自身本职岗位工作和承诺群众的事情要立即办、马上办、办得好、办得快、成效显著、群众满意。

强化执行力，要做到底数情、情况明，胸有成竹，心中有底。心中有数，脑中才能有路，脚下方能步履从容。做任何工作都是有基础的，如果我们对工作的底数不清，实情掌握的不够，那么我们做出的决策就很有可能失误，执行力再强也是差之千里。有这样一个故事：西班牙历史上曾有一个正义化身的国王叫彼得罗一世。有一次，他宣布公开选拔大法官，有三个人前来自荐，他们分别是宫廷很有名望的贵族、曾经南征北战的英勇武士、一名普通的中学教师。国王率众臣来到一个池塘边，只见池塘上漂浮着几个木凳子。国王先问贵族：池塘里共有几只凳子？贵族到池塘边数了数，说：“一共 6 个，陛下”。国王接着问武士同样的问题，武士直接回答：“陛下，我也看到了，一共 6 个”。

群众窃窃私语，议论为什么这么简单？最后，国王问教师：池塘里共有几只凳子？教师什么也没说，脱掉鞋子，跳下去把凳子拿了上来，说："陛下，一共3个，它们被从中间切开了"。结果，国王当即对着教师宣布"你知道如何执法，法官是你的了"。这则故事启示我们，只有深入实际去调查，才能了解真实的情况，有效地避免决策失误、执行失真、行为失范，这是执行、落实的前提和基础。

强化执行力，需要靠好的制度和机制做保障。执行力建设，是一项科学严密、系统完整的工程，需要建立和完善的制度很多。如，要建立主体明确、职责明确、具体量化的岗位目标责任制，把工作流程规范化、原则要求具体化、笼统规定明晰化、弹性约束刚性化，切实增强执行制度的针对性和可操作性。要建立严格的责任追究制度，明确责任追究的主体、内容、标准和形式，加强对党员干部的监督检查。要研究出台奖勤罚懒、用能去庸的制度措施，勇于治"虚"、治"假"，敢于治"漂"、治"浮"。要把党员干部的绩效评估与本人的奖惩、晋升、免职紧密联系起来，为贤才留空间，为中才立规矩，为庸才找出路，从而做到人人有任务、人人有责任、人人有压力。通过制度完善，使工作执行有章可循，从而改变不执行不作为的不良工作作风，提升党员干部的执行力。要建立行之有效的干部监督机制，充分发挥党内监督、人大监督、政协监督、行政监察、审计监督、司法监督、群众监督和舆论监督的作用，加大对不在状态干部的查处力度。有效的监督制约，对强化党员干部执行力建设具有积极的推动作用，使党员干部注意"斑马线"，不碰"警戒线"，远离"高压线"，认认真真地执行和落实。

勇于开拓创新：创新求变，开拓进取

“苟日新，日日新，又日新。”正是有了创新的理念和意识，人类从远古洪荒、混沌蒙昧获得了文明新生；正是有了创新的激情和梦想，人类从刀耕火种、结绳记事步入了信息时代。创新创造是人类的共同理念和追求。越是不断地创新开拓，我们的天地才越宽广。创新正如一轮初升的太阳，带来光明，充满希望，给人以向上的动力；创新就像一条奔腾的长河，川流入海，势不可挡，给人以奋进的力量。

创新是一个民族进步的灵魂，是国家兴旺发达的不竭动力。纵观古今中外，历览兴衰成败，创新、更新、求新始终贯穿于大国崛起的恢宏历程，成为民族振兴发展的强大引擎和强劲动力。习近平同志指出，“唯创新者进，唯创新者强，唯创新者胜”。我们只有不断开拓创新，才能超越现实，开辟新路，才能化挑战为机遇，变压力为动力，真正实现突破发展、超常发展。

在创新成为现代经济和社会发展主题的大背景下，创新能力已经成为党员干部的重要素质和基本能力。作为推进改革开放和现代化建设事业的引导者和组织者，各行业、各领域的党员干部的创新活动具有决定性的意义。可以说，创新求变是提升工作质量、工作效率的不竭动力。只有不断开拓创新，才能及时有效地解决各种矛盾和问题。墨守成规、抱残守缺、故步自封，我们的事业和工作就会停滞不前。当前，党员干部要真正把创新发展作为重要职责，把创新能力作为重要素质，不断进行创新和推动创新，直面新矛盾、新问题，把握先机，赢得主动，适应新常态，展现新作为。

一个国家和民族、一个地区发展的速度和程度，取决于思想观念更新的力度、思维方式变革的广度、思想理论探索的深度。古人讲："越己者，恒越。"思维越广阔，我们的天地才越宽广。新一轮改革大潮滚滚向前，只有"顺时以动"、"因机而发"，在攻坚克难、创新发展中寻找出路和对策，才能顺应大势，乘势而上，实现中华民族的伟大复兴。为此，党员干部要敢想敢干、敢闯敢试，敢于越"雷池"、敢于闯"禁区"、敢于担"风险"。

党员干部要着力克服以下不良倾向。一是要克服不敢创新的保守思想。一些党员干部墨守成规、畏首畏尾，主观上缺乏应变思维和创新动力，当一天和尚撞一天钟，不求有功，但求无过。为此，党员干部要走前人没有走过的路，看准了的，就大胆地试，大胆地闯，不等不靠，主动作为。二是要克服不愿创新的守旧意识。一些党员干部安于现状、不思创新，习惯于用固定的思路想问题、办事情，只做保险事，只干稳当事，不探新路子，不迈新步子。为此，党员干部遇事要多思考"应该怎么办"，而不应看"过去怎么办"，要下苦功夫研究新情况、下真功夫寻找新办法。三要克服不想创新的惰性思维。一些党员干部思想懒惰，观念陈旧。创新挂"空档"，只吆喝，不动真。总是习惯用老眼光判断新形势，用老办法对付新问题，跳不出旧思维，打不破旧框框。决心大，办法少，用想当然代替实际行动。为此，党员干部推动创新要永不懈怠、永不停步，用真功、出新招、求实效。四是要克服不会创新的本领问题。一些党员干部一味蛮干跟风逐浪，头脑发热，一意孤行，把一味蛮干视为创新，热衷于“政绩工程”。有的党员干部虽然干好工作、谋求发展的愿望和想法很强烈，但往往志大才疏、眼高手低，实际干起工作来就走样儿、变味儿。为此，党员干部要不断积累和更新知识，提升创新素质，找准创新实践发力点，放胆开拓，弃旧图新，推动社会的进步和事业的发展。

要有创新的魄力。古人说：“英以其聪谋始，以其明见机，待雄之胆行之”。创新的时机抓住了，思路谋划好了，也还要具有胆量与魄力才能去实行。正如邓小平同志所强调的，“看准了的，就大胆地试，大胆地闯。没有一点闯的精神，没有一点‘冒’的精神，没有一股气呀、劲呀，就走不出一条好路，走不出一条新路，就干不出新的事业。”创新就是一种尝试、一种探险，就得要有一种“闯”和“试”的勇气，有逢山开路，遇河搭桥的魄力，有明知山有虎、偏向虎山行的劲头，敢于涉险滩、破藩篱、闯难区，敢做第一人、敢当第一例、敢为第一事。许多事实证明，有胆有识，敢冒风险，敢担重担，就能大胆探索，不断开拓出新路来。我们要有勇立潮头的浩气、超越前人的勇气、与时俱进的朝气，常思考、常琢磨、常实践，善于去想别人所未想、求别人所未求、做别人所未做的事情，把创新潜能充分发挥出来，不断推动工作创新发展。

要有创新的思维。思维决定行为。创新思维是一种勇于突破思维定势，注重用新视角、新办法看待新情况、解决新问题的思维方式。创新的核心是思维的创新，党员干部培养和提升开拓创新能力，务必扭住思维创新这个核心，重在培养发散性思维能力。发散性思维又称创造性思维、求异思维，是沿着不同方向、不同角度、全方位、多层次地寻找解决问题答案的一种思维方式。一般具有反向思维、侧向思维和多向思维三种形式。党员干部要敢于“吃螃蟹”，善于突破旧框框，打开常规思维界限，摒弃偏见想法束缚，重新审视思考，从头研究探索，以新的角度思考问题，不循规蹈矩，通过新颖的、独到的、符合实际的思维创新，大胆提出新思路、新举措、新方法，并结合实际情况确定解决问题的新方案，付诸实践检验，破解具体问题。在这方面，我们要向瑞士人学习，他们靠多动脑筋、靠思维创新、靠科技创新、靠善于“做加法”开发出新材料、新工艺、新产品，然后赋之以高附加值出口获利。截至 2013 年，在诺贝尔物理学奖、化学奖、生理学或医学奖的得主中有 20 个瑞士人，按照每千万人口获奖人数计算，瑞士这个 800 万人口的小国在全世界名列前茅，可以说，这与他们注重创新思维的培养和锻炼是分不开的。

*要有创新的能力。*敢干而不蛮干，苦干而不傻干。党员干部在进行创新开拓的过程中，当主客观情况发生变化时，善于灵活机动地变换原定的策略方案、步骤计划和形式方法等来适应这种变化，这种能力就是创新应变能力。其基本特征主要是：好奇心理强烈、喜欢独辟蹊径、思路灵活敏捷、观察深入透彻、想象新颖奇特、意志顽强坚韧、勇于弃旧图新、善于随机应变，等等。我们来看一下，齐鲁石化烯烃厂党委副书记窦立荣是如何推动工作创新的。2006 年 12 月，窦立荣开始担任中油国际（乍得）公司总经理，全面负责 H 区块的勘探和项目管理工作。H 区块是

中国石油海外最大高风险勘探项目之一。面对这块“硬骨头”，他凭着丰富的学识和经验，带领乍得项目科技攻关小组，突破各种教条思维，另辟蹊径，很快形成针对项目实际的一整套勘探开发新理论和方法。按照这一全新的找油理论，经过 3 年 4 个阶段的有益探索，终于在西方大石油公司苦苦经营 30 年而颗粒无收的乍得盆地 H 区块，首次发现亿吨级高产稀油大油田。这一震惊业界的发现，不仅为中国石油争了光，而且彻底改写乍得盆地石油勘探的历史，成为中国石油在西非大陆的又一重大历史性突破。一个人的知识和经验积累越多，那他开拓创新的能力就愈加旺盛。因为一个人只要具备丰富的知识与经验，他才能拥有超群的才干、过人的胆识，他才能接受新思想，吸纳新知识，抓住新机遇，创造新成果。那么，党员干部提升创新能力，要着重培养批判思维能力、想象力、洞察力和记忆力、注意力。

*要有创新的作风。*不日新者必日退。党员干部要勇当“拓荒者”，敢闯新路，敢为人先；誓做“领头雁”，创新领航，奋力向前；甘做“老黄牛”，埋头苦干，攻坚克难。大力弘扬只争朝夕、奋发创新的进取精神，昂扬向上、改革创新的工作状态，做到荣誉面前不懈怠、成绩面前不停步、失败面前不气馁，不断取得事业发展的新业绩。创新是新时期优秀产业工人许振超始终不渝的追求，他不断钻研新技术、研究新方法，一年内就两次刷新世界集装箱装卸纪录，创造出“10 小时完船保班”这一让全球航运业刮目相看的“振超效率”。自 2012 年以来，许振超便率领他的团队累计完成科技成果 135 项，获得专利 6 项，完成软件开发 82 项、装卸工具革新成果 71 项。他组织实施、钻研攻关了轮胎吊“油改电”技术改造，填补了这一技术的国际空白，年节约资

金3000多万元。许振超同志的事迹生动地说明，只要我们有敢为人先的勇气、推陈出新的方法、务实创新的作风，就一定能收获丰硕创新成果。

要有创新的意识。古语说得好："尊新必威，守旧必亡。"没有创新，事业就会停滞不前；没有创新，工作就会一潭死水。创新正如一位哲人说的那样："你只要离开常走的大道，潜入森林，你就肯定会发现前所未有的东西。"的确，成功不走寻常路。工作要想不被时代所淘汰，想得到领导和人民群众的认可，就得要有一种不同寻常的想法、不同寻常的思路、不同寻常的眼光、不同寻常的点子、不同寻常的招法，增强创新超前的理念和意识，时时先人一步、事事快人一步、处处早人一步，进而求得创新、求得突破、求得超越。因此，作为一名党员干部，务必要树立强烈的创新意识和进取精神，用新理念来提出新思路，用新举措来应对新情况，用新办法来解决新问题，努力使工作实现新发展。

善于直面媒体：提高同媒体打交道的能力

新闻媒体是面向大众的舆论传播工具，也是党和政府密切联系群众、了解社会舆情的桥梁和渠道。媒体现已成为日常工作和现代生活中不可缺少的一部分，就像离不开阳光、空气一样，我们每天都在接受着报纸、广播、电视、网络等各类媒体舆论的影响和熏陶。可以说，“如何面对媒体、如何答记者问”是每一位党员干部的必修课，正确面对媒体、有效引导舆论，是对党员干部特别是领导干部的基本素质要求，也是其执政方略、领导水平、工作能力的具体体现。我们要学会与媒体沟通，学会与记者打交道，敢于发声、主动发声、善于发声，弘扬主旋律，传播正能量。

在实际工作中，党员干部特别是领导干部，要善于借助媒体的力量，尊重新闻媒体的传播规律，提高“舆商”，有效引导社会舆论，更好地发挥媒体在引领思想、凝聚力量、推动发展、促进和谐中的重要作用。刘云山同志曾强调：“要把舆论引导的任务落实到基层，善待媒体、善用媒体、善管媒体，支持媒体采访报道，正确对待舆论监督，提高同新闻媒体打交道的能力。”党员干部增强媒体素养和能力，真正在善待媒体、善用媒体、善管媒体上下功夫。

一、善待媒体，应对不应付

善待媒体，就是正确认识媒体的地位、性质和功能，诚恳、热情、友善对待媒体，尊重、支持媒体全面开展工作，为媒体正常的采访报道创造有利条件，主动与媒体沟通，主动与媒体合作，主动为媒体服务。

相互尊重，坦诚面对。党员干部和媒体打交道，既无须刻意地去套近乎、拉关系、走后门，也不能敬而远之、躲而避之，不理不睬、应付了事，甚至“防偷、防盗、防记者”。而是要在尊重信任的基础上，彼此支持，相互配合，尊重新闻舆论的传播规律，与媒体保持密切联系，保护媒体和记者履行职责，积极开展舆论监督。坦诚面对网络舆论，做好对各种媒体舆情的研判，真正做到防患于未然。1998 年 10 月，朱镕基同志在和《焦点访谈》节目组座谈时，要求《焦点访谈》“把老百姓的疾苦反映出来，把政府的毛病揭露出来，马上就改。有错就改，这才是共产党人的姿态。现在把问题揭露出来，改正以后就给人民带来极大希望，真正把人民群众凝聚起来，就有了信心。”他甚至调侃说：“大家要习惯这种批评。你们哪一天找出我的毛病，来采访我，我一定接受批评，改正自己的错误。”他明确指出舆论监督是群众的喉舌，能让政府镜鉴，是推动社会改革发展的力量。

真诚沟通，主动交流。目前，在许多党员干部中有两种不良倾向，一种是“恐媒”、“防媒”，有些干部怕媒体、怯记者，把新闻媒体视为“洪水猛兽”，当出现负面新闻事件时，往往采取“压、捂、盖”，其结果是越压越鼓、越捂越坏、越瞒越糟。还有一种就是“轻媒”，有些干部认为与媒体关系处理得好与坏都无所谓，媒体不能把自己怎么样。我们要加强与媒体的沟通交流，积极争取媒体选好报道角度，做出全面、客观、真实，同时有利于事件处置的新闻报道。现实中，有些党员干部“惧媒体、躲媒体”，主要原因是与媒体接触少，缺乏直面媒体的能力和经验。这就需要党员干部多接触媒体、走近媒体、了解媒体，多利用媒体开展工作，在实践中不断丰富与媒体打交道的经验。党员干部要与媒体保持良好的交往和联系，真诚沟通，主动地向媒体反映工作情况和遇到的问题矛盾，积极寻求媒体的关注和支持。

端正态度，讲究艺术。随着新兴媒体的迅猛发展和信息传播方式的深刻变革，社会公众对政府工作的知情、参与和监督意识不断增强。现实中，一些地方和部门仍然存在对一些媒体报道、舆论监督的回应不主动、不及时，面对公众的关切不回应、不发声等问题，使公众产生误解或质疑，给政府形象和公信力带来不良影响。可见，应对媒体的态度也会直接影响我们工作的结果和效果，处理不当，就会适得其反。对于党员干部来说，应对媒体的态度，体现在：一要尊重记者。要以平等的态度面对记者，对各种采访、提问和质疑，要沉着应对，冷静分析，做到有理有据，从容大度。二要杜绝打官腔、讲套话空话假话。切忌用诸如“无可奉告”“正逐步解决”“按上级指示正查办”等含糊不清的话语，或是“看你敢报一个?”、“替谁说话”等情绪过激的言语。如果对媒体记者问及的情况不甚了解，或者没有十分把握，不能说绝对的话，不能轻易下结论。三要把握好时机。准确把握好时、度、效，着力解决好“啥时说”“说什么”“怎么说”的具体问题，注重提高沟通能力和表达技巧，切忌说出“雷人”之语，妥善、慎重、有针对性地确定好说的内容，说到什么程度，防止媒体报道可能产生的负面效果。四要热情服务。主动热情、尽一切可能地为媒体提供良好的工作环境和采访条件，积极向其提供有关新闻信息，争取媒体的理解、信任和支持。

二、善用媒体，主动不被动

善用媒体，就是善于运用媒体来宣传党的主张、弘扬社会正气、通达社情民意、引导社会热点、疏导公众情绪、搞好舆论监督，通过媒体增强公共政策研究、制定、执行过程中的透明度和公开度，促进工作效率和效能的提高。

运用好媒体，提升引导力。党员干部要主动运用媒体引导舆论，一方面学会借助于媒体的力量，做好正面宣传，掌握舆论引导主动权，更加鲜明有力地把党和政府的政策、主张和声音传播好，把发展进步的主流和成果展示好，把人民群众的心声和意愿反映好。另一方面，党员干部在处理公共突发事件和社会关注的热点问题的时候，一定要及时通过主流媒体发出正面的、权威的声音，加强权威舆论的引导。即使我们的工作被媒体曝光批评，也要化被动为主动，闻过则喜，知错就改，改就改好。

借助媒体强势，营造发展氛围。媒体具有强大的舆论力量，党员干部应该学会利用媒体鼓劲造势，提升党和政府执政为民的社会影响和整体形象。充分利用广播、电视、报纸、网络等媒体大力宣传中央的战略决策、重大部署和政策措施，宣传党的各项政策，全面提升经济发展质量和水平的新思路、新成效，大力营造有利于促进经济平稳较快发展和社会和谐稳定的舆论强势。媒体可采取集中报道、系列访谈和典型宣传等方式，紧紧围绕中心工作开展系列宣传活动，想方设法让正面宣传抓人、感人、动人，千方百计让正确的思想舆论深入人心，统一思想，凝聚力量，真正使各级党委政府的决策部署转化成党员干部为人民群众谋利益的自觉行动。

善用新媒体，打造新平台。在以数字和网络技术为基础的数字化、互动式新媒体时代，如何利用和应对？是我们每一位党员干部都必须回答的现实问题。一是要善于运用新媒体主动发布重要、权威信息，占领信息发布的制高点，截至2013年年底，我国网民达6.18亿，互联网普及率达45.8%，超过世界平均水平，手机网民达5亿。这些数字仍在增长，微博等各种新媒体运用已成为他们的一种生活方式。新媒体的舆论影响力前所未有，在当下“全民上网”、“时时上网”的新媒体时代，我们眼前刚发生的事，可能几分钟后就会传遍全国、传到全世界，这就是网络的特点。面对“人人都是通讯社，人人都有麦克风”的全媒体挑战，党员干部要敢发声、会发声、多发声，进一步增强信息发布的权威性、时效性，更好地回应公众关切，壮大网上主流声音，掌握话语权，构建自己的媒体舆论场，赢得粉丝和支持，进一步增强党和政府的重大决策、工作部署、相关政策的知晓程度和贯彻力度。二是要充分利用新媒体了解社情民意，提高工作效率。网络、手机等新兴媒体不仅是普通群众进行意愿表达、权益维护和社会监督的有效途径，也是党和政府倾听民声民意、汇集民心民智、准确把握舆情的重要渠道，党员干部要做到上网交心、下网服务，网上问题、网下解决，将网上的民意转化为自己的实际行动，为引导舆论、正确决策、破解难题提供科学依据。三是要善于通过新媒体与群众零距离对话沟通。要充分利用政务微博、微信等新媒体，积极适应“微时代”即时性、互动性、全民化的特点，以便捷及时的方式与人民群众进行互动交流，直接、主动与基层群众交流思想，深入了解复杂的群体心理和纷繁的利益需求，提高自身工作影响力、政府公信力和社会凝聚力。

三、善管媒体，宜疏不宜堵

善管媒体，提高对媒体舆论的监管和引导能力，是党员干部执政能力的具体体现。

坚持党管媒体，服务发展大局。媒体是党和人民的喉舌。党员干部特别是领导干部要必须始终坚持党管媒体的原则，巩固马克思主义在意识形态领域的指导地位，牢牢把握媒体舆论的根本方向，不能动摇、更不能放弃对媒体的管理，使之更好地服务改革发展稳定大局。

科学规范管理，激发媒体活力。一提到“管媒体”，一些干部片面认为就是把媒体看好、盯紧、堵住。当前，资讯传播一日千里，舆论报道全球同步，堵塞言路、封锁消息，强制报道、控制新闻，结果只会适得其反、事与愿违，与初衷南辕北辙、背道而驰。我们一定要搞清楚，有关部门对新闻媒体的管理，主要就是把握方向，掌控宏观，抓住全局，至于采访角度、报道细节、编排手法等具体操作层面的问题，要放手交给媒体自己处理为好。管理者如果凡事干预，媒体就会掉以轻心，效率低下，毫无活力；管理者如果泰然放手，媒体就会如履薄冰，行事谨慎，活力尽现。

改进宣传形式，增强宣传效果。要把人民群众作为新闻宣传的主体，把群众的实践作为媒体报道的源泉，要力戒“长空假”，践行“短实新”，勇于说实话、说新话、说老百姓的话，避免政策宣传文件化、工作报道格式化、典型报道样板化。不断创新新闻宣传的观念、内容、方法、手段，提高宣传实效，努力实现新闻宣传由单向式、灌输式、说教式向互动式、渗透式、感召式转变，做到以理服人、以情动人。

主动发声作为，抢占舆论先机。党员干部特别是领导干部要带头和恶意攻击的不良言论、造谣生事的错误言论做斗争，敢于举旗亮剑、主动发出声音，绝不能似是而非、含糊其辞，更不能沉默失语、丧失原则立场。特别是在面对突发事件、突发舆情时，要主动协调各类媒体主动介入事件报道与舆论引导工作，第一时间发布公开透明的权威信息，形成“首声效应”，先入为主、先声夺人，还原事实真相，抢占舆论先机。对媒体不能堵、不能藏、不能拖，千万不能小事拖大、大事拖炸。国务院新闻办公室原主任赵启正说：“面对媒体求证和质询，无论沉默、回避，都不可取。”前几年的四川广元“柑橘蝇蛆事件”发生后，《人民日报》曾发表了《政府信息为何跑不过手机传信》的报道，指出政府部门需要在发生谣言时，第一时间对外发布信息，用尽可能翔实清晰的事实证据，阐释事件的来龙去脉，澄清困惑误解，争取群众的信任。一次突发危机事件很可能本来没什么事，但处理不当，会“发酵”成很大的事。

依靠媒体力量，加强自身工作。一是要把媒体监督作为工作的“放大镜”，主动查找不足。党员干部应该依靠媒体的舆论力量，及时发现我们工作中存在的问题和不足，对症下药，予以改正。要以媒体监督为契机，激浊扬清，除旧布新。二是要以媒体的视野、记者的眼光审视每项工作、每件事情，以“不畏浮云遮望眼”的宽广视野，深入思考这些事件本身可能带来的媒体反映和舆论影响，并据此不断调整、完善、改进我们的各项工作。三是要增强自身工作的媒体关注度。媒体主要是通过传播信息，不断满足受众的需求。党员干部就是要善于把为公众谋利益的政府工作，变成媒体受众的需求，主动地运用媒体关注，使其成为公众的关注。

做好群众工作：增长践行群众路线的真本领

在电视剧《寻路》里的有这样几组镜头：陈毅同志身挂腰鼓，边跳边唱，“打土豪呀！分田地呵！咱们红军，为百姓啦”；朱德同志走村串户，向老乡们宣传红军与土匪、共产党与国民党为什么不一样；毛泽东同志拄着树杖走在红军队伍前面，不时给红军战士鼓劲加油……这充分展现出我们党老一辈革命家与人民群众打成一片、同甘共苦的鱼水深情。可以说，高度重视群众工作，是我们党的优良传统和最大优势，那么，善做群众工作、做好群众工作堪称我们党的“看家本领”。

群众工作是一项基本功，是一门大学问。群众工作能力更是党员干部不可或缺的“第一能力”。随着社会结构的变动、利益格局的调整、工作对象的多样、群体隔膜的产生，对做好新形势下的群众工作提出了更高要求，应当说，做好群众工作，真的需要有真本事、硬功夫。《人民论坛》的一项调查问卷显示，当问到“新问题新挑战不断出现，您认为基层党员干部是否正遭遇‘能力危机’”时，有67.67%的基层党员干部认为“是”。一些党员干部做群众工作时“老办法不管用、新办法不会用、硬办法不敢用、软办法不顶用”，遇到矛盾和问题，束手无策，群众不信任不买账。为此，每一名党员干部都要在思想上高度重视群众、感情上紧紧贴近群众、作风上真正深入群众、工作上切实造福群众，着力增强做好新时期群众工作的能力和本领。

一、增长心系基层、深入群众的本领

基层是党员干部成长的大熔炉、成才的大课堂、成事的大舞台。党员干部要始终在思想和感情深处真正想着人民群众，迈开步子走入基层，沉下身子贴近群众，体民情，连民心，与群众谈一谈“心里话”，听一听“数家珍”，解一解“挠头事”，面对面了解群众所思、所想、所盼、所虑，认真查找工作中存在的突出问题，使自己的工作有的放矢、更加着实。有一个顺口溜说的是，“五六十年代同吃住，摸得着脚；七八十年代上广播，听得着声；九十年代坐小车，看得到烟；现在只能在电视上瞧到影。”群众给干部画像：村级干部住乡镇，乡镇干部住县城，县级干部住省城，省级干部住京城。现在道路越来越通畅了，干部下基层却越来越少了；干部学历越来越高了，做群众工作的能力却弱化了；通讯越来越发达了，百姓真实的声音却听得少了；服务群众的部门分工越来越细了，事却越来越难办了。信访干部张云泉曾痛陈：群众找不到基层干部的过程，就是群众对我们干部积怨积恨的过程。时间长了，党员干部就会脱离群众。为此，我们要拿出更多的时间和精力到基层去、到一线去。在这方面，我们应该向优秀共产党员、模范基层干部、人民的好村官沈浩学习。他作为安徽省选派到村任职干部，一到小岗村，就花了一个多月的时间把全村100多户跑了两遍，和村民促膝谈心，体察民生民情。他的房门从不上锁，无论白天黑夜，乡亲们只要有事找他，随时可以走进他的房间。他说，我是农民的儿子，知道农民的难处，乡亲们找我的事再小也是大事，我们干的事再多、再烦琐，也是分内的事。他对全村大事小情、群众安危冷暖了然于胸，说起他这些年为百姓排忧解难、改善民生的那些事，人们就禁不住抹泪。沈浩把村民当亲人、当朋友，看见老人卧病，就自掏腰包为他治疗；看见孩子受冻，便脱下衣服披在他身上。一枝一叶总关情，心里装着群众的人，自然会俯下身子，扎根基层，把人民群众的呼声当成工作的冲锋号，把人民群众的幸福作为前进的指南针，成为百姓知心人、群众贴心人。新时期党员干部要扑得下身，沉得住气，自愿到基层“墩墩苗”、“挑挑担”，主动到一线“接地气”、“增底气”，在为民服务中锻炼提高。

二、增长宣传发动、组织群众的本领

宣传发动、组织群众，促进工作开展，是做好群众工作的重要内容。要广泛地宣传和发动群众、团结和组织群众、凝聚人民群众的智慧和力量，形成推动发展的强大合力。党员干部要深入基层、深入群众，把党和政府的路线方针政策深入浅出地宣传好，把发展的蓝图目标、措施办法通俗易懂地讲清楚，从而让群众了解、让群众知情、让群众明白，进而让群众参与、让群众跟上、让群众支持。当前群众主要有“三怕”：一怕干部不想事，得过且过，耽误发展；二怕干部不干事，坐享其成，阻碍发展；三怕干部乱办事，急功近利，影响发展。同时也有“三盼”：一盼民生改善，收入更多一些；二盼社会公平，差距更小一些；三盼和谐稳定，环境更好一些。“三怕”折射出党员干部的作风问题，“三盼”体现了人民群众的热切期待。要有效地组织群众、凝聚群众，就得要尊重群众，杜绝“三怕”，回应“三盼”，把人民群众的意愿、要求作为想问题、作决策、办事情的出发点和归宿，以扎扎实实的工作为人民群众谋取实实在在的利益。党员干部还要充分运用现代科技手段，把网络空间看成群众工作的新平台，把“面对面”交流与“键对键”沟通有机结合，以平和的心态与网民交流，积极回应网民的诉求，做到“拍砖”能接，“灌水”能导，做到民有所呼、我有所应，真正以自身过硬的工作作风、良好的公仆形象影响和带动广大群众。

三、增长畅通渠道、沟通群众的本领

不断提高与群众沟通交流的水平，是做好群众工作的重要环节。做群众工作，首先就得学会与群众打交道、交朋友，做到“进得了门、谈得上话、交得上心”，在与群众接触交流中不断拉近与群众的距离，同他们身挨身坐、心贴心聊，把握群众的思想脉搏，体会百姓生活的酸甜苦辣，做到知民情、解民忧、暖民心。在基层工作的党员干部都知道，现在做群众工作不比以前，困难很多。讲大道理，群众根本不听你的；讲政策，群众知道的不比你少；群众提出的有些问题，我们往往不好回答；群众提出的很多要求，又一时半会解决不了，沟通的难度可想而知。畅通与群众沟通的渠道，应大力提倡“一线工作法”，坚持情况到一线了解，问题到一线解决，感情到一线融洽，工作到一线落实。党员干部要经常深入基层、深入群众，多几个“草根朋友”、“布衣之交”，增进与群众的感情，掌握与工人农民、城市居民、青年学生等不同层面群众的有效沟通的能力和本领，学会看群众“脸色”，倾听群众诉求，收集群众建议，用好民心“温度计”、掌握民情“晴雨表”，畅通民意，要让群众话有地方说、事有地方办、困难有人帮、问题有人管，切实做到民有所疑、我有所答，民有所需、我有所为，不断拆除党群干群关系“隔阂墙”，架起党和政府与人民群众之间的“连心桥”。

四、增长说服感召、教育群众的本领

说服教育是党员干部做好群众工作的重要方式和方法。我们要学会用说服教育、耐心疏导的办法做群众工作，力戒简单粗暴、冷漠强硬。要以理服人，以情感人，以心暖人，充分发挥说服教育的作用，调动一切潜在的积极因素，感染群众、凝聚群众，赢得群众的信任和拥护。一是要用真理的力量凝聚群众。真理具有强大的感召力、影响力和渗透力，党员干部既要心里装着真理、手中握着道理，又要善于通过各种渠道和方式传播真理、讲清道理。我们讲的东西只有真正抓住了事物发展的本质和规律，符合人民群众的愿望和利益，人民群众就会听、就能信、就愿用。二是要用感情的力量感召群众。党员干部要放下架子，在与群众的接触中充满感情、倾注真情，多用真挚的感情、平等的心态、和谐的氛围去提升说服效力，强化教育效果。三是要用人格的力量影响群众。党员干部的表率作用本身就是最好的说服教育。我们严于律己、以身作则、言行一致，群众自然会服气。四是要用艺术的力量感染群众。说服教育也是一门艺术。同群众打交道，我们要掌握说服教育的艺术，努力提升思辨能力，培植幽默才智，讲求表达技巧。言为心声，情为意动。党员干部要善于掌握和运用通俗易懂、生动活泼、简洁形象的群众语言，不要讲那些“总说的老话、正确的废话、漂亮的空话、严谨的套话、违心的假话”，对群众要多说家常话、明白话、体谅话，真正用心讲话，做到声声入耳，句句暖心，引起共鸣。如华西村原党支部书记吴仁宝经常讲“大发展，小困难；小发展，大困难；不发展，最困难。”精炼透彻，睿智明了，朴实生动，群众自然易于领会、乐于接受。

五、增长服务群众、解决问题的本领

百姓需求为大，民生之事无小。做好群众工作，最根本的就是要切实解决好与群众生产和生活息息相关的实际问题和困难，有效化解各类矛盾，切实为群众办实事、办好事。1934 年，苏维埃政权在瑞金建立不久，毛泽东就郑重指出，“解决群众的穿衣问题，吃饭问题，住房问题，柴米油盐问题，疾病卫生问题，婚姻问题。总之，一切群众的实际生活问题，都是我们应当注意的问题。”陈云同志说过，“不解决实际问题谈为人民服务，是空话一句。怎样才算造福群众？最基本的就是及时、认真地解决好群众的利益问题。”习近平同志强调，“检验我们一切工作的成效，最终都要看人民是否真正得到了实惠，人民生活是否真正得到了改善。”群众心中有杆秤。老百姓讲究的是真金白银，看重的是实惠，关心的是自己的问题得没得到解决。我们来看一下，浙江省绍兴市上虞区崧厦镇祝温村党总支书记杭兰英是怎样为群众服务、解决难题的。她在村党组织书记岗位上 28 年如一日，燕子垒窝般创业兴村，拢起人心办大事，啃下许多“硬骨头”。她甘愿贴钱当书记，自己捐款 46 万元，多方筹措资金，累计投入 1780 万元，兴办民生工程 50 余项，整治河道 3200 米，改造建设标准农田 1300 亩，硬化道路 4 万多平方米，使村容村貌发

生翻天覆地的变化。她把群众的急事难事当作自己的家事，村民遭遇困难时，总是第一时间伸出援手，先后资助131人次，并在村里建起58万元的“关爱基金”，帮扶困难群众。她坚持“口袋鼓了，脑袋不能空”的理念，在村里建起文化阵地、开办文明课堂，开展“十佳”好少年、好婆婆、好儿媳等评选活动，潜移默化提升村民文明素养。下面，我们再来看看全国劳动模范、共产党员、水电工徐虎全心全意为群众解决问题的感人事迹。多年来，徐虎义务为居民修理2100余处故障，花费了6300多小时的业余时间。有8个除夕夜，他都是在工作一线度过，被群众亲切地称为“晚上七点的太阳”。24小时“徐虎热线”开通的10余年间，每年都要接到各类报修、咨询电话3万个左右。他说：“群众有困难和问题找到了你，这是对你的信任，你有责任和义务去帮助他们解决。”在上海各行各业的服务热线中，“徐虎热线”的知名度、美誉度始终名列前茅。为此，党员干部必须从涉及群众切身利益的小事做起，从解决群众牵肠挂肚的具体问题入手，把群众呼声作为第一信号，把群众需要作为第一选择，把群众满意作为第一标准，思群众之所虑，谋群众之所求，急群众之所难，用实实在在的行动、踏踏实实的作风，为群众诚心诚意办实事，尽心竭力解难事，坚持不懈做好事。